教育部人文社会科学研究规划基金项目(15YJA630106)资助
徐州医科大学优秀人才科研启动基金(D2016003)资助

城镇化与能源消费作用机制及协同发展研究

关雪凌 周 敏 著

中国矿业大学出版社

内容简介

本书从城镇化和能源消费发展态势与问题入手，在对城镇化与能源消费发展现状进行总结的基础上，探寻传统发展模式下城镇化与能源消费发展存在的不协同问题，找出产生这种不协同问题的根源，然后，分别研究城镇化和能源消费对对方的作用和影响机理。

本书系统深入地研究了中国城镇化与能源消费的内在作用机制，对城镇化与能源消费复合系统的协同进化规律和状态进行了深入分析，将动态反馈机制系统应用于城镇化与能源消费协同发展路径优化的分析及情景模拟。

图书在版编目(CIP)数据

城镇化与能源消费作用机制及协同发展研究/关雪凌，周敏著.—徐州：中国矿业大学出版社，2016.12

ISBN 978-7-5646-3374-5

Ⅰ.①城… Ⅱ.①关… ②周… Ⅲ.①城市化—影响—能源消费—研究—中国 Ⅳ.①F426.2

中国版本图书馆CIP数据核字(2016)第313454号

书　　名　城镇化与能源消费作用机制及协同发展研究
著　　者　关雪凌　周　敏
责任编辑　张　岩
出版发行　中国矿业大学出版社有限责任公司
（江苏省徐州市解放南路　邮编221008）
营销热线　(0516)83885307　83884995
出版服务　(0516)83885767　83884920
网　　址　http://www.cumtp.com　**E-mail**:cumtpvip@cumtp.com
印　　刷　江苏凤凰数码印务有限公司
开　　本　787×1092　1/16　**印张**11　**字数**209千字
版次印次　2016年12月第1版　2016年12月第1次印刷
定　　价　37.00元

作者简介

关雪凌，河北张家口人，1983年生，徐州医科大学讲师，管理科学与工程博士。从事资源经济与管理、卫生经济与管理方面的研究。近3年参与国家社科基金课题2项，教育部人文社会科学研究规划基金项目1项，主持江苏省普通高校研究生科研创新计划项目1项。以第一作者发表SSCI、EI、CSSCI论文多篇。

周敏，1962年生，四川威远人，博士，教授，博士生导师。中国矿业大学青年学术带头人，管理学院管理科学与工程硕士点首席带头人，中国煤炭学会经济管理专业委员会副主任委员，煤炭开发战略与政策研究所所长。长期从事资源环境管理、产业组织理论及政策、生态管理、低碳转型等方面的研究工作，先后主持完成了教育部基金、煤炭科学基金、自然科学基金、政府及企业委托课题等20余项项目。在《管理科学学报》、《数量经济技术经济研究》、《煤炭学报》、《中国矿业大学学报》、《经济管理》、《科学管理研究》等刊物上共发表60余篇文章。

前　言

随着中国经济社会逐步进入新的发展阶段，经济将从过去30余年的“结构性增速”逐步向“结构性减速”转变，发展向高效率、低成本、优结构、可持续的中高速增长的“新常态”转化。在此发展转型的关键时期，摆脱增长机制的固有模式找到新的增长与跨越的内在驱动力，突破资源等方面的约束形成与经济发展阶段相匹配的高品质资源环境配套是发展的关键所在。城镇化问题和能源问题即分别对应以上两个方面的发展重点。对两者的作用机制及其协同发展进行研究具有重要意义。

本书从城镇化和能源消费发展态势与问题入手，在对城镇化与能源消费发展现状进行总结的基础上，探寻传统发展模式下城镇化与能源消费发展存在的不协同问题，找出产生这种不协同问题的根源，然后，分别研究城镇化和能源消费对对方的作用和影响机理。在城镇化对能源消费的影响因素及其作用效应方面，分别从城镇化对经济增长、人口迁移、产业结构变动和技术进步的影响机理入手，分析城镇化过程中这些因素对能源消费的影响。在此基础上就各个因素对能源消费的作用效应进行分析——经济增长效应为城镇化发展的最大诱因，影响程度为128.62%；技术进步是节能的主要手段，影响程度为－49.64%。在能源消费对城镇化的作用机制及效应方面，从一般商品、投入要素和经济均衡三个视角，分析能源消费对城镇化的作用机制，揭示能源消费对城镇发展具有支撑和推动作用，并将能源消费对城镇化的约束分为直接效应和间接效应两个层面，通过“尾效”分析进行研究发现，直接约束导致城镇化增长率每年降低0.316。在分析城镇化与能源消费相互影响的基础上，研究两者的整体关系及其作用机理。对两者的长期均衡关系、因果关系进行分析，并进一步选择耦合分析和脱钩分析明确相互作用及其内在机理。之后，将城镇化与能源消费视为一个复合系统，对其协同演化的规律及状态分析与评价。根据哈肯模型，找到复合系统的序参量，分析城镇化、能源消费复合系统的协同进化规律，并在此基础上，构建协同进化模型，通过有序度和协调度的分析，评价城镇化与能源消费协同进化的状态，从协调度看两个子系统进化速度夹角接近270°，处于极限发展阶段。最后，对城镇化与能源消费协同发展的仿真和路径选择进行研究，并提出促进两者协同发展的政策及措施。在具有动态反馈机制系统环境下，建立城镇化与能源消费复合系统的仿真模型。提出人口转移、产业升级和技术提升三条优化城镇化与能源消费协同发展的路径，并据优化的力度制定低、中、高三种情景分别进行优化模拟。在此基础上，结合城镇化与能源消费过程中国外的经验和教训，提出了中国城镇化与能源消费协同发展的政策建议和保障措施。

本书的主要创新在于，系统深入地研究了中国城镇化与能源消费的内在作用机制，对城镇化与能源消费复合系统的协同进化规律和状态进行了深入分析，将动态反馈机制系统应用于城镇化与能源消费协同发展路径优化的分析及情景模拟。经过分析和论述，得出以下几个结论：传统模式下城镇化与能源消费发展不协同；城镇化和能源消费从不同角度对对方产生影响；从城镇化与能源消费的整体关系看，目前城镇经济及产业发展仍较强依赖于能源消费；城镇化与能源消费构成的复合系统正处在演化的关键期；需选择大力度的优化路径以实现城镇化与能源消费的协同发展。

本书的写作过程得到了学院领导和同事的大力支持，在此向他们表示感谢。由于作者知识水平有限，书中不妥之处在所难免，恳请读者批评指正。

著者

2016 年 8 月

目 录

第 1 章 绪论…… 1
1.1 研究背景与意义 …… 1
1.2 概念界定 …… 5
1.3 国内外研究现状与述评 …… 7
1.4 研究框架 …… 7
1.5 研究方法与技术路线 …… 10

第 2 章 城镇化与能源消费的发展态势及问题 …… 11
2.1 城镇化的发展现状 …… 11
2.2 能源消费现状 …… 23
2.3 传统城镇化模式与能源发展的不协同 …… 31

第 3 章 能源消费对城镇化的作用机制 …… 35
3.1 能源消费对城镇化的经济作用…… 35
3.2 能源消费对城镇化的约束作用…… 41

第 4 章 城镇化对能源消费的作用机制 …… 50
4.1 城镇化进程中经济增长对能源消费的作用…… 50
4.2 城镇化进程中人口因素对能源消费的作用…… 57
4.3 城镇化进程中产业结构因素对能源消费的作用…… 64
4.4 城镇化进程中技术因素对能源消费的作用…… 70
4.5 城镇化对能源消费的效应分解分析…… 78

第 5 章 城镇化与能源消费的相互作用机制 …… 84
5.1 城镇化与能源消费的计量经济学分析…… 84
5.2 城镇化与能源消费的耦合关系分析…… 94

5.3 城镇化与能源消费的脱钩关系分析 …… 99

第 6 章 城镇化与能源消费的协同演化 …… 106
6.1 城镇化与能源消费的复合系统及其自组织进化 …… 106
6.2 城镇化与能源消费的协同进化状态 …… 114
6.3 城镇化与能源消费的复合系统协同度分析 …… 120

第 7 章 城镇化与能源消费协同发展的路径优化 …… 127
7.1 城镇化与能源消费协同发展的路径分析 …… 127
7.2 城镇化与能源消费复合系统仿真模型的构建与分析 …… 130
7.3 城镇化与能源消费协同发展的情景分析与路径优化 …… 138

第 8 章 城镇化与能源消费协同发展的政策及措施 …… 149
8.1 中国城镇化与能源消费政策及措施的回顾与评价 …… 149
8.2 城镇化与能源发展过程中的国际经验与教训 …… 152
8.3 城镇化与能源消费协同发展的政策建议及保障措施 …… 155

第 9 章 结论与展望 …… 159
9.1 主要结论 …… 159
9.2 创新之处 …… 162
9.3 不足与展望 …… 163

参考文献 …… 164

第1章

绪 论

1.1 研究背景与意义

1.1.1 研究的背景

(1) 中国经济社会进入新的发展阶段

中国经济社会正进入一个新的发展阶段,将从过去30余年的“结构性增速”逐步向“结构性减速”转变,发展向高效率、低成本、优结构、可持续的中高速增长的“新常态”转化。

中国经济已经实现了两次飞跃:到2001年,人均GDP超过了1 000美元,摆脱了“贫困陷阱”,达到中下等收入国家水平,实现了经济的第一次飞跃;到2010年,人均GDP超过4 200美元,进入中上等收入国家行列,实现了第二次飞跃。目前,正处于向高等收入国家发展、实现第三次飞跃的新阶段。这一新的历史阶段,既是艰难的爬坡阶段,也是中国发展复兴的关键起飞阶段。在当前的发展阶段,中国经济进入“转型期”、社会进入“矛盾凸显期”、改革进入“攻坚期”、增长进入“换挡期”,能否顺利摆脱“中等收入陷阱”一方面取决于能否摆脱增长机制的固有模式,找到新的增长与跨越的内在驱动力;另一方面取决于能否突破资源等方面的约束,形成与经济发展阶段相匹配的高品质资源环境配套。城镇化问题和能源问题即分别对应以上两个方面的发展重点。

作为转变经济发展方式的重要条件和提高中等收入者比重的重要途径,城镇化不仅是扩大内需、促进增长的巨大推力,而且还是产业结构调整升级的重要依托。城镇化在经济增长、产业结构升级、经济发展方式转变方面都有明显的推动作用,对于形成高效的制度体系也具有倒逼和诱致作用,可以说它是跨越“中等收入陷阱”的重大战略空间和发展机遇。然而,城镇化也可能形成新的困难和矛盾,片面追求高城镇化率及城镇化的不健康发展,不仅不会给城乡发展带来活力和机遇,反而会成为城乡经济发展的绊脚石,使中国陷入“中等收入陷阱”。

作为经济社会可持续发展的重要物质基础,能源不仅仅在狭义上为机器设备提供动力，还是广义上社会经济活动的驱动力，更与环境、经济要素密切相关。节能减排将会是经济转型的重要杠杆和有效推手。加大结构调整力度，着力转变发展方式，发挥合理控制能源消费总量的“倒逼机制”作用，建立最适宜的能源消费形态，推动可持续发展是中国发展过程中面临的重大问题。

（2）城镇化发展正处于关键期

城镇化（urbanization），是当今世界重要的社会、经济现象之一，是社会生产力发展到一定阶段所引起的社会生产方式、生活方式和居住方式以及整个经济社会变革的过程。2008年，全球城镇化的比率超过了50%，即当今全球有半数以上的人生活在城市中，随着发展中国家城镇化进程的加快，预计到2050年，全球城市人口比例将达到70%。

改革开放以来，随着经济发展和工业化的推进，我国的城镇化进程明显加快，2013年我国城镇化比率已达53.7%。粗略估算，平均每两秒钟中国就会增加一名新市民；每一分钟，就会有约30人走入城市“落地生根”；每一天，分享城市生产空间、就业机会、公共服务的市民就会增加近5万人；由此导致中国城镇人口每年以一两千万的数量成长。城镇化的发展大大拓展了经济发展和就业的空间，促进了经济繁荣和社会的进步。

城镇化已成为我国社会、经济发展的重点领域。推进城镇化对于中国解决“三农”问题，统筹城乡发展，调整经济结构，促进社会和谐稳定，实现经济平稳持续发展具有重大意义。十八大报告全篇提及城镇化多达七次，“工业化、信息化、城镇化和农业现代化成为全面建设小康社会的载体”，促进工业化、信息化、城镇化、农业现代化同步发展，要求“必须以改善需求结构、优化产业结构、促进区域协调发展、推进城镇化为重点，着力解决制约经济持续健康发展的重大结构性问题”。

当前，中国城镇化进入了新的发展阶段，城镇化自身也面临着转型升级的挑战，表现为城镇化进入了加速发展和“城市病”发作的叠加期。自改革开放以来，中国的城镇化在取得很大成就的同时，也出现了集约程度低、不公平加剧、破坏资源环境等很多问题，存在着一定程度的城市病。因此，经济社会发展新阶段的要求和挑战，对城镇化的发展提出了更高的要求，不但要积极稳妥地推进城镇化进程，而且要求走出一条符合经济发展新阶段要求的、具有中国特色的新型城镇化道路。在新型城镇化的道路上，能源是重要的保障性资源和要素。

为了克服病态城镇化的种种弊端，避免和解决城市病，需要按照新型城镇化的理念和要求，实现城镇化目标、机制、模式、发展方式、结构、布局等方面的转变，促进城镇化健康发展。

（3）解决城镇化进程中能源及环境问题的现实急迫性

城镇化进程的推进伴随着巨大的投资和消费潜力的释放，导致能源消费随之增长：首先，人口由农村向城镇转移，城镇人口规模的扩大，生活、消费习惯的转变，刺激能源消耗的增加。中国提高城镇化质量的人口空间接近16个百分点，涉及2.1亿农村劳动力，加上7 000万城镇间流动人口，约2.8亿人，其消费习惯的改变，带来巨大的能源消费增长。其次，农村剩余劳动力向城镇转移，促进城镇第二、第三产业发展，工业化的生产方式带动能源需求的上升。城镇化与工业化的过程密不可分，而工业尤其是能源依赖程度高的重工业在中国的产业结构中仍占据主要地位。同时，城镇化进程中的基础设施建设拉动能源消费。为解决城镇人口住宅、交通、医疗、教育等公共服务问题，进行大量基础设施建设势在必行。其引致的大量投资以及建筑、交通等产业的发展对能源亦产生大量需求。

目前中国的能源消费结构仍以为煤炭、石油、天然气等化石能源为主体，比重超过90%。2010年起，中国替代美国成为世界最大的能源消费国，2012年，中国消费的一次能源占世界总量的21.9%，其中包括50.2%的煤，11.7%的石油和4.3%的天然气。与巨大的消费量相比，中国的能源储量，尤其是人均能源储量远低于世界平均水平。供需不平衡导致的进口依赖和能源安全问题制约着经济和城镇化的进一步发展。同时，作为生产和生活的必要投入，能源已经成为经济社会发展的重要物质基础，不可再生能源总量上随能源消费的增加而不断减少，最终成为经济和城镇化发展的硬约束。

能源消费带来的碳排放引致的环境问题也十分突出。能源消费，尤其是煤炭、石油、天然气等化石能源的消费过程伴随着大量的碳排放，造成严重的环境污染。人口集聚的城镇更是成为了重灾区，各地频现的雾霾天气对经济生产乃至日常生活都带来了极大的负面影响。在《京都议定书》等一系列世界经济低碳化的国际规则规范下，中国作为目前最大的温室气体排放国，节能减排不仅是自身可持续发展的基本要求，也是对国际社会的庄严承诺。中国政府在哥本哈根气候峰会前宣布，到2020年中国单位GDP二氧化碳排放要比2005年下降40%到45%。这对城镇化的发展方式的改变既是机遇也是挑战。

1.1.2 问题的提出

基于上述背景，提出以下四个待研究问题：

(1) 传统城镇化与能源消费发展的状态和趋势如何？两者之间有哪些不协同的现象？这些不协同现象出现的症结在哪里？回答这个问题需要从目前中国城镇化和能源消费发展的现状和特征入手，分析城镇化发展水平是否适度，城镇化发展的速度是否过快，能源消费的总量、结构和效率的变化情况，进而找出两者发展过程中不协同的问题。

(2) 城镇化和能源消费两者之间单向及双向的内在关系及作用机制是什么？回答这个问题需要分析城镇化的进程中哪些因素影响能源消费，这些因素如何从不同方面影响能源消费；能源在城镇化的过程中扮演怎样的角色，如何影响城镇化的发展；城镇化和能源消费之间有哪些相互关系，如何进行相互作用。

(3) 对城镇化和能源消费组成的复合系统，其协同发展的规律和状态如何？回答这个问题需要对城镇化和能源消费组成的复合系统进行分析，研究其自组织演化特征，通过协同学理论找到复合系统的序参量并分析其进化规律。之后通过复合系统的有序度和协调度评价其协同演化的状态。

(4) 不同情境下何种优化路径能够促进城镇化和能源消费的协同发展？回答这个问题需要将城镇化和能源消费及其各要素置于动态反馈系统中，通过控制关键指标的变化，对各种优化路径下不同优化方案进行模拟，对优化效果进行比较和分析。

1.1.3 研究的意义

(1) 城镇化和能源消费是中国经济和社会发展中的热点问题，因此，将城镇化和能源消费问题纳入同一研究框架下，研究城镇化与能源消费的相互关系和作用机制，强调两者在演进中的协同性，是对区域经济发展内生机制的一次剖析；基于协同的观点研究两者之间的演化与变动过程，是发展经济学、城市经济学和能源经济学研究领域的交叉和融合，有助于把握研究对象的动态性特征，分析两者演进的内在规律，进一步丰富经济学相关领域的研究成果。

(2) 中国处在结构调整和城镇化进程的关键时期，“规模收益”递增，尤其是城镇化成为了国家发展新的增长发动机，而城镇化的发展与能源消费密不可分。在城镇化大潮下，保持经济持续健康发展和尽量减少能源消费是城镇化健康发展的基本条件，也是城镇化的发展目标。因此，兼顾社会稳定、经济发展、能源环境系统的均衡，实现国民经济的结构调整与社会城乡一体化的推进，对改变我国城乡“二元结构”的现状具有指导意义。实现在城镇化继续发展的过程中突破能源、环境约束，在促进经济平稳增长的同时不导致能源消费和环境污染的增加，对中国进一步发展具有重要的实践意义。

(3) 通过对城镇化和能源消费的作用机制与协同发展的研究，一方面可以明晰两者发展过程中的关键要素及影响过程，预测和明确两者的发展方向，另一方面，则可以将研究成果应用于国家宏观发展政策和中观产业引导政策的制定和实施上，通过对政策在“城镇化—能源消费”协同演进中作用的模拟分析，进行有针对性的制度设计，用于引导城镇化进程和产业的可持续发展，完善现有政策体系，对国家的长远可持续健康发展提供相应的政策保障。

1.2 概念界定

1.2.1 城镇化与新型城镇化

(1) 城镇化

城镇化又称为城市化，反映农业人口转化为非农业人口、农村地域转化为非农业地域、农业活动转化为非农业活动的过程。由于农村人口向城镇集中或迁移的过程包括了社会、人口、空间、经济等多方面的内容，各学科对城镇化做出了不同的定义。《大英百科全书》给出的定义是：城镇化是指人口向城镇集中的过程，这个过程表现为两种形式，一是城镇数目的增多，二是各城市人口规模不断扩大。

城镇化至少包括以下几个方面的内涵：城镇化是空间变化和人口转移的过程，空间变化既包括原有城镇地域的扩展也包括区域范围内城镇数量的增加；人口转移即农业人口向非农人口转移、劳动力从农村向城镇转移这一结构性变动。

城镇化是产业结构转变的过程，即由农业活动向非农活动的转变。作为从事非农业生产活动的中心，城镇产业结构的变化是城镇化的核心内容，而人口从农村大规模流向城镇的前提就是产业结构转换带来的大量新增城镇就业机会。

城镇化是人类生活方式转变的过程，即由乡村生活方式转为城市生活方式。中国城镇中存在大量来自农村的流动人口，城镇化的过程实质上就是将城镇生活方式扩展到这些流动人口中，也就是流动人口的“市民化”。

伴随空间变化和人口转移、产业结构以及生活方式的转变，城镇化还是要素流动和集聚的过程，资本、劳动力、包括能源在内的资源从农村向城镇流动、集聚。

(2) 新型城镇化

与传统城镇化相比，新型城镇化倡导以人为本，注重人的生活质量的提高以及享有安全、健康环境的权益；强调发展质量的提升，将发展重心从求规模、求速度转到求质量上来；将生态文明的观念融入经济、社会的发展之中，走资源集约、环境友好的可持续发展道路。作为经济、社会发展的物质基础和动力保障，能源的发展必须顺应新型城镇化的需求，这样才能使两者相互协调、共同发展。

新型城镇化不再是过去的要素简单集聚和经济增长，片面强调城镇的生产功能，而是更加重视城镇的生活和消费功能，是要素城镇化和人的城镇化双核驱动，协调并举。可以将新型城镇化划分为要素城镇化和人的城镇化两个基本内核。

① 要素城镇化用于描述城镇的生产功能，强调由发展方式增长型向高质量发展型转变。新型城镇化的首要目标仍然是解决发展问题，发展依旧依靠人口、产业、资金、技术等要素的聚集。虽然在30多年的改革开放和经济持续高速增长的过程中，城镇化和经济社会发展取得了举世瞩目的成就，但在现阶段我国的核心任务和解决诸多问题的根本途径仍然是发展。作为中国经济发展最重要的引擎和途径，城镇化的重要目标和任务也是发展。因此，新型城镇化并不等同于忽视城镇化的要素集聚和生产功能，而是要在新形势下，更加强调要素的高效、集约使用，强调城镇化对调结构、转方式的重要作用。

② 人的城镇化用于描述城镇的消费、生活功能，强调居民生活质量的提高。发展问题固然是新型城镇化的重要目标，但绝不是唯一重要的目标，满足城镇居民需要、提高居民生活质量才是城镇化的终极目标。因此，人的城镇化既是新型城镇化的实质和根本要求，也是城镇化健康、科学发展的重要标准和根本保证。

1.2.2 能源与能源消费

能源(energy)也称为能量资源或能源资源，指能够直接取得或者通过加工、转换而取得有用能的各种资源，包括煤炭、原油、天然气、煤层气、水能、核能、风能、太阳能、地热能、生物质能等一次能源和电力、热力、成品油等二次能源，以及其他新能源和可再生能源。可以看出，能源是一种呈多种形式且可以相互转换的能量的源泉是自然界中能为人类提供某种形式能量的物质资源。

《大英百科全书》认为“能源是一个包括着所有燃料、流水、阳光和风的术语，人类用适当的转换手段便可让它为自己提供所需的能量”。《中国大百科全书》中提到“能源是国民经济的重要物质基础，未来国家命运取决于能源的掌控。能源的开发和有效利用程度以及人均消费量是生产技术和生活水平的重要标志”。可见，能源在社会经济发展和人民生活中起着重要的作用。

能源消费就是能源被消耗、被使用的过程。消费是生产的目的，能源消费的总量、结构和效率都会对社会经济的发展产生重要的影响。在当前和未来相当长的时间内，能源消费的可持续性关系到经济社会的永续发展问题，能源消费问题已经演变成为影响全球政治经济格局和人类社会发展全局的重大战略问题。

1.3 国内外研究现状与述评

对已有的研究成果进行梳理，与本书研究密切相关的问题可以分为以下四类：关于城镇化的相关研究、关于能源消费的相关研究、能源对城镇化的影响（约束）研究以及城镇化对能源消费的影响研究。

现有的研究对城镇化、能源消费进行了大量的研究，研究的内容和范围在不断扩展，研究方法也有所创新，但还存在以下几个方面的不足：

在研究内容上，一方面，多是对于城镇化和能源消费单个问题的独立研究，对两者之间关系的分析还较少。另一方面，对于相互关系的研究更多的是单方向研究，极少从协同角度进行研究。本书的研究强调城镇化和能源消费的相互关系和作用机理，将两者纳入同一框架下，研究在双方关系共同作用下复合系统的演进规律及优化路径。

在研究性质上，对城镇化水平和能源消费互动关系的研究大多以一定时期内特定指标数值的变化进行，仅仅强调时间上的变动性，未考虑其他外部因素，如产业结构、居民消费等对研究对象的影响，是一种相对静态的研究。本研究基于协同的视角，从静态和动态两方面构建城镇化、经济增长和能源消费的演进模型。静态的研究基于时间序列和计量经济分析进行模型的构建，动态的研究则将城镇化和能源消费看作两个具有自组织特性的系统。

1.4 研究框架

1.4.1 研究目标

本研究的目的旨在通过分析城镇化和能源消费两者间的单向及互动关系及其协同发展路径，研究在中国城镇化的进程中，如何能够在能源、环境约束下促进新型城镇化高质集约、生态友好地平稳增长。具体的研究目标包括：

（1）理清城镇化与能源消费两者的单向作用机制

明晰能源对城镇生活、生产领域的作用机制，明晰城镇化进程中人口因素（包括人口规模变化、居民消费习惯变化）、经济因素（包括经济总量、产业结构变动）、技术因素（技术进步）及多因素的综合状态对能源消费变动的影响，并在此基础上，理清城镇化进程对能源消费的作用机制。

（2）揭示城镇化和能源消费的相互关系及内在作用机制

本书研究双方的协同问题，不仅要从静态的单向作用关系的角度确定城镇化和能源消费的作用机制，还要从整体关系方面研究两者之间的内在联系，明确两者的双向作用机制。通过协整、因果、耦合及脱钩等相互关系的分析，揭示两者的内在关系。

(3) 构建新型城镇化与能源消费的协同演化模型，并对两者协同发展的状态进行评价

通过城镇化与能源消费间的内在关系和作用机制的分析，构建复合系统，研究城镇化和能源消费的协同发展规律，并对系统的协同发展程度及状态进行测度。

(4) 构建动态反馈系统，进行新型城镇化与能源消费复合系统协同发展路径的优化

根据城镇化与能源消费复合系统的演化规律构建模拟模型，对不同优化力度下的情景进行仿真，寻求最优的优化方式和路径，为制度设计和引导措施的构建打下基础。

1.4.2 研究内容

(1) 城镇化和能源消费的发展态势与问题

首先从发展水平、发展速度和发展模式几个层面分析中国城镇化的发展状态，并建立指标体系，评价新型城镇化发展状况。其次从能源消费的总量、结构、强度几个方面描述中国能源消费的发展现状，并对能源的集约效率进行测算，研究在城镇化过程中中国能源消费集聚效应的显性状态。最终在对城镇化与能源消费发展现状进行总结的基础上，探寻传统发展模式下城镇化与能源消费发展存在的不协同问题，找出产生这种不协同问题的根源。

(2) 城镇化对能源消费的影响因素及其作用效应

首先分别从城镇化对经济增长、人口迁移、产业结构变动和技术进步的影响机理入手，分析城镇化过程中这些因素对能源消费的影响。结合环境库兹尼茨曲线分析，梳理能源消费在城镇化不同阶段的发展趋势。在人口转移的过程中，居民生活方式的转变对能源消费模式产生了显著的影响，通过投入产出分析研究城乡居民在能源消费方面的差异。运用产业结构演进—能源消费关联模型分析不同阶段中国城镇产业变化与能源消费的关系。城镇化发展推动技术进步，通过拉氏分解法研究技术进步对能源强度的影响。然后在此基础上根据指数分解方法将城镇化对能源消费的影响分解为生产和生活两个部分，并综合两部分中各个因素对能源消费的作用效应进行分析。

(3) 能源消费对城镇化的作用机制及效应

能源在城镇化的发展过程中不仅是必需消费品，而且是必要的投入要素。

一方面，从一般商品、投入要素和经济均衡三个视角，用一般均衡分析、菲利普斯曲线分析能源消费对城镇化的作用机制，揭示能源消费对城镇发展具有的支撑和推动作用。另一方面，将能源消费对城镇化的约束分为直接效应和间接效应两个层面，通过“尾效”分析进行研究。间接约束是能源消费产生的碳排放造成的气候、环境影响面临国际和国内的双重压力和能源消费可能对城镇发展的进程、质量产生间接的影响；能源对城镇化的直接约束体现为能源供给与城镇需求之间的矛盾，是可供消费的能源量有限和无限时城镇化发展速度的差异，即能源消费对城镇化的“尾效”作用，揭示能源及生态阈值对城镇发展的限制。

（4）城镇化与能源消费的相互作用机理

在分析城镇化与能源消费相互影响的基础上，研究两者的相互作用及其作用机理。首先采用自回归滞后模型对两者的长期均衡关系进行分析，并在此基础上梳理两者间因果关系及影响方向，发现城镇化发展是能源消费增加的原因，按照现有的模式发展，城镇化的推进导致了能源消费的大量增加。进一步选择耦合分析和脱钩分析明确两者间的相互作用及其内在机理，并通过拐点值的测定分析两者可能的发展趋势。

（5）中国城镇化与能源消费协同演化的分析与评价

为保障经济和社会的可持续发展，城镇化和能源消费间应当实现协同发展。将城镇化与能源消费视为一个复合系统，在对两个子系统的构成进行定量描述的基础上，对复合系统自组织演化的过程进行讨论。然后根据哈肯模型，找到复合系统的序参量，分析城镇化、能源消费的复合系统的协同进化规律。并在此基础上，构建协同进化模型，通过有序度和协调度的分析，评价城镇化与能源消费协同进化的状态。有序度用于分析发现子系统之间的合作竞争关系和进化速率；协调度用于分析复合系统整体的发展状态。

（6）城镇化与能源消费协同演进的仿真和路径选择

在具有动态反馈机制的系统环境下，建立城镇化与能源消费复合系统的仿真模型。通过系统动力学分析，对城镇化与能源消费协同发展进行仿真和路径选择，并据优化的力度分情景优化模拟。对比各种情景下城镇化、能源消费及经济产出的情况，确定优化方案。

（7）城镇化与能源消费协同发展的政策及措施

在回顾并评价中国不同时期城镇化和能源政策及措施的基础上，结合发达国家城镇化和能源发展过程中的经验和教训，提出三条政策建议和四项保障措施，促进城镇化与能源消费的协同发展。

1.5 研究方法与技术路线

针对本课题的研究内容及其相互关系等，采取以下技术路线开展相关研究工作：

(1) 首先，明确研究任务并进行初步研究。采用文献分析方法，研究国内外文献资料，掌握研究现状、研究的成果与不足之处。通过理论整理和方法探索，确立本课题研究的理论基础；收集城镇化进程和能源消费特征等方面的资料，建立资料体系，为项目的研究打好基础。

(2) 其次，对中国城镇化和能源消费的现状进行数据统计与调研，运用实证分析方法，通过不同时段数据的统计分析、国内外发展情况对比分析两者发展状态与趋势。通过主成分分析法建立新型城镇化指标体系，测度新型城镇化发展情况。运用 DEA 方法研究能源消费的集约效率。在现状分析的基础上总结传统城镇化与能源消费发展不协同的问题，并探寻出现问题的根源。

(3) 再次，分别分析城镇化和能源消费对对方的单向影响和作用机制。在能源对城镇化的影响和作用机制方面，综合一般均衡分析、菲利普斯曲线、尾效分析等方法进行研究；在城镇化对能源消费的影响及作用机制方面，结合投入产出法、环境库兹尼茨曲线分析、指数分解法等方法进行研究。

(4) 然后，在单向影响和作用机制基础上，分析城镇化与能源消费的相互关系及作用机制。通过长期均衡关系、因果关系、耦合关系和脱钩关系的分析，结合协整分析、自回归滞后分布模型、格兰杰因果分析、单位根检验、耦合分析、脱钩分析等工具方法，研究两者整体的相互作用和关系。

(5) 之后，将城镇化与能源消费视为复合系统，对其演化规律及状态进行研究。运用协同学理论，通过有序度和协调度分析描述复合系统的协同进化状态。

(6) 随后，对复合系统的协同发展路径进行分析并加以优化。运用系统动力学方法建模，根据不同优化力度设置不同情境，与基准情景进行比较，对复合系统协同发展的路径进行优化。

(7) 最后，在总结中国城镇化和能源已有政策措施、借鉴发达国家城镇化和能源消费发展方面经验教训的基础上，提出中国促进新型城镇化与能源消费协同发展的政策和措施。

第 2 章

城镇化与能源消费的发展态势及问题

本章从城镇化及能源消费的不同角度和层面方面描述中国城镇化能源消费的发展现状，并在对城镇化与能源消费发展现状进行总结的基础上，探寻传统发展模式下城镇化与能源消费发展存在的不协同问题，找出产生这种不协同问题的根源。

2.1　城镇化的发展现状

城镇化是一个复杂、动态的过程：在空间上，城镇化表现为农村人口和劳动力向城市迁移和原有城镇地域扩展及区域范围内城镇数量的增加；在产业上，城镇化是由农业活动向非农活动的转变过程；在生活方式方面，城镇化是人类生活方式由乡村生活方式转为城市生活方式的转变过程；对资源和要素而言，城镇化还是资本、劳动力以及包括能源在内的资源从农村向城镇流动、集聚的过程。

城镇化是经济、社会发展的结果，其发展水平从一定程度上反映了一个国家或地区整体经济、社会的发展程度。新中国成立以来，随着经济、社会的发展和演变，城镇化由 1949 年的 10.64％上升到了 2013 年末的 53.73％。城镇人口数和人口城镇化的变化情况如图 2-1 所示。

由图 2-1 可知，新中国的城镇化经历了以下几个阶段：

城镇化稳步发展阶段(1949～1958 年)：在此阶段，国民经济逐步恢复和发展，重工业的高速发展和工业城市群的出现吸收了大批农民进入工厂。城镇化由工业化带动，城镇人口有序增加，此期间城镇化的年均增长率为 4.81％。

城镇化逆向发展阶段(1959～1977 年)：在此阶段，受到自然灾害等的影响，大批城镇过剩人口及干部、知识分子返回或被迁往农村，全国范围内出现了“逆城镇化”的现象，此期间城镇化的年均增长率为－0.26％。

城镇化发展恢复阶段(1978～1995 年)：在此阶段，随着近 2 000 万知识青年和下放干部返城，以及改革开放、经济复苏后农村出现富余劳动力，城镇化发展重新走上正轨。此期间城镇化的年均增长率为 2.88％。

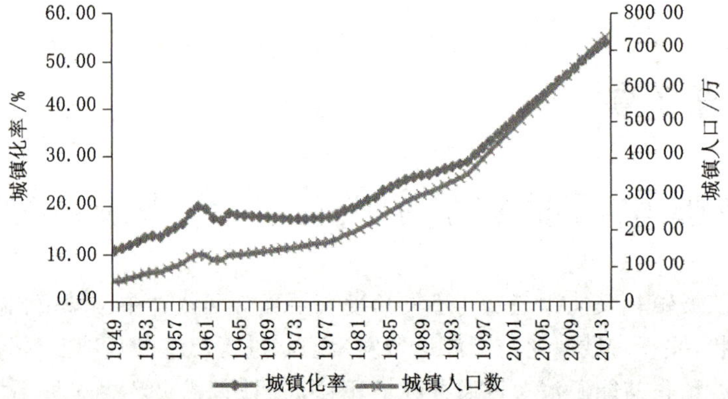

图 2-1 1949～2013 年中国城镇人口及人口城镇化变化趋势

城镇化快速推进阶段(1996 年至今):在此阶段,中国向市场经济转变加快,加之党的十六大确定了加快城镇化进程为全面建设小康社会的目标之一,进一步促进了中国城镇化的快速发展,此期间城镇化的年均增长率为 3.39%。

2.1.1 城镇化的发展水平

截至 2013 年底,中国城镇化率达到 53.73%,这个发展水平可以从以下几个角度进行评价:

(1) 与同一收入水平、同一发展阶段的国家相比

按照世界银行的统计,可将所有国家分为四个收入档次,至 2013 年底,人均 GNI 小于 1 045 美元的为低收入国家,在 1 045 到 4 125 美元之间的为中低收入国家,在 4 125 至 12 746 美元之间的为中高收入国家,大于 12 746 美元的为高收入国家。联合国对这四类国家和地区的城镇化率进行了比较发现,如图 2-2 所示,高收入国家城镇化率达到了 80.2%,中高收入国家为 62.6%,中低收入国家为 39.3%,而低收入国家为 30.3%。中国在 2014 年人均 GNI 为 6 700 美元左右,达到了中高收入国家的水平,但城镇化率仅为 53.73%,较中高收入国家平均水平约低 9 个百分点。

据联合国的分类方法,全球 200 多个国家和地区分为发达国家/地区和欠发达国家/地区两类,在欠发达国家/地区中又有最不发达国家/地区和除最不发达国家/地区外的欠发达国家/地区之分。不同类型国家/地区的 2014 年城镇化水平见表 2-1。

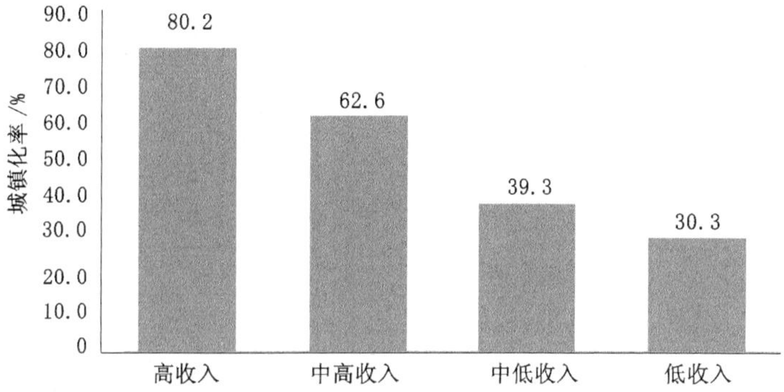

图 2-2 不同收入水平国家城镇化率

表 2-1 **不同类型国家/地区 2014 年城镇化率** 单位:百人

	城镇人口/千人	农村人口/千人	总人口/千人	城镇化率/%
发达国家/地区	980 403	275 828	1 256 231	78.0
欠发达国家/地区	2 899 725	3 087 828	5 987 553	48.4
最不发达国家/地区	283 855	635 274	919 129	30.9
除最不发达国家/地区外的欠发达地区	2 615 870	2 452 553	5 068 424	51.6

发达国家/地区包括欧洲、北美、澳大利亚、新西兰和日本,总人口 12.56 亿人,城镇化率 78.0%;欠发达国家/地区包括非洲、亚洲(除日本)、拉丁美洲及加勒比地区,总人口 59.87 亿人,城镇化率 48.4%。在欠发达国家/地区中,有 49 个最不发达国家/地区,其中非洲 34 个,亚洲 9 个,大洋洲 5 个,拉丁美洲和加勒比地区 1 个,这些地区总人口 9.19 亿人,城镇化率 30.9%;其余的欠发达地区城镇化率为 51.6%。中国属于除最不发达国家外的欠发达地区,城镇化率不仅远低于发达国家/地区水平,而且较同等发展水平的国家低 2 个多百分点。

(2) 与工业化水平相比

从城镇化发展历程来看,工业化是城镇化的基础,是城镇化发展的推动力;城镇化又反作用于工业化,两者间存在双向互促共进的关系。理想的城镇化应与工业化同步推进、协调发展,一旦脱离城镇化,工业化将会受到城镇化滞后的约束。根据钱纳里的"发展模型",可以以工业化水平作为参照物判断城镇化水平的高低。

通过对世界上 100 多个国家/地区的综合分析,霍利斯·钱纳里等得出在常态发展状况下收入水平与工业化水平、城镇化水平的关系,即"发展模型"。钱纳里等人认为在工业化和城镇化的初期，城镇化的发展比工业化慢，但当两者基本处于13%的水平之后，城镇化的进程将快于工业化，并成为工业化发展的推动力。将相同人均GNP水平下钱纳里"发展模型"(钱氏"发展模型")中的城镇化与工业化的关系和中国的数据放在一起进行比较分析，见表2-2。

表2-2　钱氏"发展模型"与中国工业化、城镇化率比较

人均GNP/美元	钱氏"发展模型"			中国		
	城镇化率/%	工业份数(工业占GNP)/%	偏差/%	城镇化率/%	工业份数(工业占GNP)/%	偏差/%
100	22.0	14.9	7.1	17.4	36.8	−19.4
200	36.2	21.5	14.7	17.9	44.3	−26.4
300	43.9	25.1	18.8	24.5	38.9	−14.4
400	49.0	27.6	21.4	26.9	37.4	−10.1
500	52.7	29.4	23.3	28.0	40.8	−12.8
800	60.1	33.1	27.0	34.8	42.7	−7.9
1 000	63.4	34.7	28.7	39.1	44.8	−5.7

如表2-2所示，将中国和钱纳里"发展模型"的城镇化与工业化水平相比较，就可以直观地看到中国与世界一般水平的差距。在世界各国的一般发展模式中，城镇化水平要高于工业化水平，具体表现为：在工业化初期和中期，城镇化随工业化加速推进，且城镇化的速度会超过工业化的速度。中国的情形正好与之相反，城镇化水平要低于工业化水平。城镇化推进的速度远远低于工业化推进的速度，偏差值最高达到−26.4个百分点。这种情形一直持续到人均GNP 200美元，即1978年左右才有所改变。改革开放以来，随着城镇化推进的速度明显加快，城镇化与工业化的偏差呈下降趋势。1999年偏差为−11.8个百分点，比1978年减少了14.58个百分点。但直到2002年，人均GNP达到1 000美元时，城镇化与工业化的偏差仍然为负，差距为−5.71个百分点，城镇化滞后的状况虽然得到了改善，但仍然没有根本改变。

发展经济学家马尔科姆·吉利斯等人曾经指出，"随着工业的发展，今天城市化的趋势在各国比较中已十分明显了。随着人均收入从大约200美元增加到1 000美元，工业增值平均从占国内生产总值的18%左右增加到30%，对于一个典型国家来说，其城市人口从仅有总人口的20%会增长到30%～50%甚至以上"。根据上面的分析可知，中国城镇化水平从总体上讲是滞后的，不仅仅表现为滞后于本国的经济发展水平、工业化水平，也表现为滞后于世界同等发展水平或同等收入水平国家。

2.1.2 城镇化的发展速度

如前文所述，中国的城镇化发展经历了稳步发展、逆向发展、发展恢复和快速推进四个阶段，不同阶段的发展速度有所不同，各年度城镇化的增长率如图2-3所示。

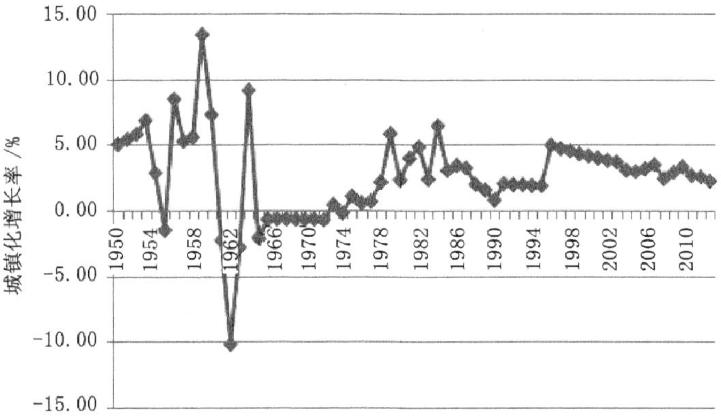

图2-3　1949～2013年中国城镇化增长速度

新中国成立以来城镇化率由1949年的10.64%增加到2013年的53.73%，年均增长率为2.56%。这个增长速度是快是慢，不同学者有不同看法，应从以下两个角度进行分析：

(1) 结合城镇化发展阶段

城镇化的发展具有阶段性，不是匀速的。根据城镇化发展阶段理论，不同阶段城镇化的发展速度有所不同，一般而言在城镇化初期(当城镇化率小于30%时)和后期(当城镇化率大于70%时)，城镇化速度较慢甚至出现停滞；而在城镇化中期(城镇化率介于30%和70%之间)，城镇化速度较快。这种阶段特征可由图2-4表示。

1995年以后，中国的城镇化率超过了30%，进入了城镇化中期，也就是城镇化快速增长期，此阶段年均的增长率为3.39%。此速度明显快于发达国家现阶段的城镇化速度，但显然两者所处的城镇化发展阶段不同，应与发达国家相同的发展阶段加以比较。发达国家在工业化和城市化过程中也有过城镇化较快推进的时期，以德国和日本为例。1871到1910年，德国城市化率从36.1%增长到60%，尤其是1890到1900年，城镇化率由42.5%提高到54.4%，此10年间年均增长率为2.50%。相似情况，日本也有城市化高速发展的时期，在第二次世

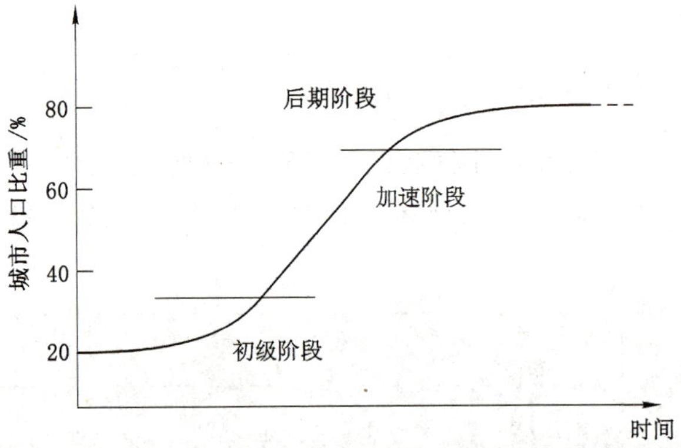

图 2-4　不同阶段下城镇化发展速度

界大战后，日本城镇化水平从 1950 年的 37.5%上升到 1980 年的 76.19%，特别是 20 世纪 50 年代初，城镇化由 1950 年的 37.5%猛增到 1955 年的 56.33%，5 年的年均增长率达到 8.48%。

与日本和德国在相同发展阶段的城镇化率进行比较，中国目前经历的城镇化增长速度并不是独有的，也不是最高的。其他国家的城镇化也曾经出现过相似甚至更高的高速度，不能单由增长速度判断中国的城镇化处于"大跃进"阶段，更不能认定此速度为不合理。城镇化的增长速度是否合理，要看城镇化发展的健康状况。

（2）结合城镇化质量

城镇化发展质量的实质和核心是人的城镇化，体现为人民生活质量日益提高，享受现代文明。考察城镇化发展速度需要结合发展质量，只有保证质量的城镇化才是健康的城镇化。一旦城镇化发展速度超越了城镇化质量提升，可能发生各种类型的"城市病"，如人口膨胀、交通拥堵、住房紧张和就业困难等。

随着中国城镇化的发展，城镇的配套设施建设和公共服务水平逐渐提高，居民生活质量有所提升。但在城镇化发展质量方面仍存在以下几个方面的问题：一是城镇空间分布和规模结构不够合理，与资源环境承载能力不匹配。表现为城市群布局不尽合理，城市群内部分工协作不够、集群效率不高；部分特大城市主城区人口压力偏大，与综合承载能力之间的矛盾加剧；中小城市集聚产业和人口不足，潜力没有得到充分发挥；小城镇数量多、规模小、服务功能弱——这些都增加了经济社会和生态环境成本。二是城市管理服务水平不高，"城市病"问题日益突出。表现为一些城市空间无序开发、人口过度集聚，重经济发展、轻环境保护，重城市建设、轻管理服务，交通拥堵问题严重，公共安全事件频发，城市污水和垃圾处理能力不足，大气、水、土壤等环境污染加剧，城市管理运行效率不高，公共服务供给能力不足，城中村和城乡结合部等外来人口集聚区人居环境较差。三是城乡建设缺乏特色。表现为一些城市景观结构与所处区域的自然地理特征不协调，部分城市贪大求洋、照搬照抄，脱离实际建设国际大都市，“建设性”破坏不断蔓延，城市的自然和文化个性被破坏。一些农村地区大拆大建，照搬城市小区模式建设新农村，简单用城市元素与风格取代传统民居和田园风光，导致乡土特色和民俗文化流失。

尽管存在着上述问题，中国城镇化的不断推进整体上改善了人民生活，而且在其过程中并没有出现诸如拉美国家和印度那样大量的失业、大面积贫民窟的严重的“城市病”。总体而言，与城镇化发展的质量相比，中国城镇化的发展速度相对合适，而城镇化的质量相对滞后。

2.1.3　综合城镇化水平的测度

（1）综合城镇化测度的指标选择

目前对城镇化水平的度量主要采用单一指标，如城镇人口比例，具体如城镇常住人口占总人口比重、非农人口比重、城镇户籍人口比重，或城镇土地比例，具体如城镇用地占区域总面积比重。这种单一指标的度量方法简单直观、易于统计。但城镇化进程本身是一个全面、动态的时空过程，不仅包括城镇人口的集聚和城镇面积的扩大，还涉及经济、社会的发展，生活水平的提高和生活方式的转变。仅用单个指标对其水平进行描述无法全面反映城镇化的丰富内涵，还有可能产生偏差。例如，用城镇户籍人口表示的城镇化率忽视了大量虽然没有城市户口，但长期居住在城镇、参与到城镇经济社会发展中的农民工人群，有可能造成对城镇化水平的低估；用城镇土地占用面积表示的城镇化率忽视了区域的发展质量，片面强调扩张，有可能造成对城镇化水平的高估。

党的十七大首次正式提出了新型城镇化的概念，即以人为本、以质量为关键的城镇化。对综合城镇化，没有现成的指标对其发展水平进行描述。与传统城镇化相比，新型城镇化倡导以人为本，注重人的生活质量的提高以及享有安全、健康环境权益的实现；强调发展质量的提升，将发展重心从求规模、求速度转到求质量上来；将生态文明的观念融入经济、社会的发展之中，走资源集约、环境友好的可持续发展道路。根据新型城镇化的要求，城镇化更是生活方式转变、生活质量提高、生态文明程度提高的过程。本书将综合城镇化分解为四个层面进行考察：人口集聚及城镇区域拓展、产业集聚及发展、生活水平及质量提升、生态文明建设。

根据新型城镇化的内涵，参考《新型城镇化蓝皮书：新型城镇化发展报告

（2014 版）》和王家庭（2010）、耿海清（2009）、徐建中（2006）等人的研究，用表 2-3 中所示的 13 个三级指标来描述综合城镇化的水平。

表 2-3　　综合城镇化的测度指标

二级指标		三级指标	符号
综合城镇化	人口集聚及城镇区域拓展	城镇常住人口占总人口比重	u_1
		城市人口密度	u_2
		城市建设用地面积占比	u_3
	产业集聚及发展	第二、三产业从业人数占比	u_4
		第二、三产业产值比重	u_5
		第三产业增加值比重	u_6
	生活水平及质量提升	人均可支配收入	u_7
		城镇恩格尔系数	u_8
		每万人拥有公共交通车量数	u_9
		燃气普及率	u_{10}
	生态文明建设	人均绿地面积	u_{11}
		污水排放量	u_{12}
		二氧化硫人均排放量	u_{13}

在"人口聚集及城镇区域拓展"二级指标下，用城镇常住人口占总人口比重（u_1），城市人口密度（u_1）来描述人口集聚程度，其中 u_1 是反映城镇化水平的最直接的指标，u_2 反映城市区域人口的稠密程度；用城市建设用地面积占比（u_3）来表示城镇区域拓展情况。

在"产业集聚及发展"二级指标下，用非农产业就业占总就业人数比重（u_4）描述产业就业转移情况；用非农产业占 GDP 比重（u_5）表示非农产业对经济发展的贡献情况；用第三产业增加值比重（u_6）反映城镇的市场、商业发展状况及城镇服务功能发展情况。

在"生活水平和质量提升"二级指标下，用城镇居民家庭人均可支配收入（u_7）描述城镇居民收入水平；用恩格尔系数（u_8）通过城镇居民消费结构体现居民富裕程度；用每万人公交车数（u_9）和燃气普及率（u_{10}）分别代表交通、用能等基础设施建设情况。

在"生态文明建设"二级指标下，用人均公园绿地面积（u_{11}）表示绿化程度；污水排放量（u_{12}）和二氧化硫人均排放量（u_{13}）分别代表水和大气的污染程度。

（2）综合城镇化水平测度方法

由于上述综合城镇化测度中涉及的指标数较多，数据信息量较大，主观赋权的方法难免产生偏差，故采用主成分分析法进行降维并确定各指标的权重。主成分分析法由 Hotelling 在 1933 年提出，其核心思想是用较少（k 个）的、既能保留原始数据绝大部分信息又消除重复冗余信息的变量来代替原始变量（j 个，有 $k<j$），根据各变量间的内在联系得出指标的相对重要程度。主要步骤如下：

第一步，对原始数据进行标准化处理，消除各指标的数据级或单位差异造成的影响，公式见式(2-1)：

$$Z_{ij} = (X_{ij} - \overline{X}_j)/\sigma_j \tag{2-1}$$

其中，X_{ij} 为指标 j 在第 i 年的数值，X_j 和 σ_j 分别为指标 j 历年的均值及其对应的方差，Z_{ij} 是标准化后的值。

第二步，对标准化后的数据求相关矩阵 $\boldsymbol{R}$，并求 $\boldsymbol{R}$ 的特征根 $\lambda_1,\lambda_2,\cdots,\lambda_m$，其中 λ_p 为原始数据的第 p 个主成分，p 由小到大，λ_m 在总方差中所占的比重逐渐变小。各特征根对应的特征向量为 $H_1,H_2,\cdots,H_P$。

第三步，求累积方差贡献率。累积方差贡献率是确定主成分个数的主要依据，首先据式(2-2)求各主成分的方差贡献率，即主成分的方差占总方差的比重：

$$e_j = \frac{\lambda_j}{\sum_{i=1}^{m}\lambda_i} \tag{2-2}$$

由式(2-2)可知，方差贡献率反映各个主成分对各原始指标信息量的描述能力，以其作为各主成分的权重，可以实现赋权的客观性。对各主成分的方差进行累加，可得累积方差贡献率，一般取当其达到 85%～95%时的前 k 个主成分。

第四步，求各主成分得分及原指标系数，并通过归一化求得各原始指标的权重。对第 p 个主成分 F_p，其因子得分如式(2-3)表示：

$$F_p = \sum_{i=1}^{p} H_p \times Z_p \tag{2-3}$$

随后用所取的主成分代替原有指标，将指标系数表示为所取的 k 个主成分的线性组合，用 k 个主成分的方差贡献率为权重，加权平均得出原有指标的系数。最后进行归一化处理，得到各原始指标的权重 ω_i。最后，各年份的总体综合得分 I_n 可由式(2-4)表示：

$$I_n = \sum_{k}\omega_k \times z_{nk} \tag{2-4}$$

（3）中国综合城镇化的测度

基于数据的可得性，对中国综合城镇化的测度时间范围选定为 1989 年至 2012 年，研究数据主要来源于统计资料或经统计资料中的数据计算得出。统计数据出自各年份《中国统计年鉴》《中国城市建设统计年鉴》和《中国环境统计年鉴》。

由于各个指标的数据级或单位存在差异，为了消除其造成的影响，首先将各个指标的数据进行标准化处理，使用标准化后的数据进行后续的分析。然后进行KMO值和Bartlett球形度检验（表2-4），验证所选数据是否适合作为因子分析。对KMO检验，若系数值小于0.5，说明指标或检验结果不可靠，不适于进行因子分析；当值在0.5至0.7之间时，处于可接受状态；当系数值在0.7至0.8之间时，表示各指标内部一致性较高，较适合进行因子分析；当系数值大于0.8时，说明适合进行因子分析。对综合城镇化指标因子分析进行适应性检验，结果如表2-4所示。

表2-4　综合城镇化指标因子分析适应性检验

检验项目		检验结果
取样足够的 Kaiser-Meyer-Olkin 检验		0.860
Bartlett 球形度检验	近似卡方	937.104
	df	78
	显著性	0.000

根据表2-4，KMO值和Bartlett球体检验的结果显示出，KMO值为0.860，表明所得数据适合做因子分析，同时Bartlett球形检验近似卡方值为937.104，检验对应的显著性值为0.000，小于显著性水平0.05，可得相关系数矩阵与单位矩阵之间存在显著性差异，表明所得调查数据之间具有相关性。

对综合城镇化各指标特征值及方差贡献率进行计算（表2-5），可知第一个主成分的特征值为11.589，约占总方差的89.143%；从第2个主成分开始，每个主成分的特征值均小于1，方差贡献率也明显减小。根据主成分分析法，第1个主因子的方差贡献率特已经接近90%，说明在对新型城镇化的指标进行分析时，主成分分析方法的降维效果十分明显，第1个主因子保留了原始数据绝大部分的信息，因此只提取第1个主成分。然后逐步计算原始指标值的主成分因子得分、系数值和归一化的权重，结果见表2-6。

表2-5　综合城镇化各指标特征值及方差贡献率

因子	初始特征值			提取平方和载入		
	总计	方差的/%	累加/%	总计	方差的/%	累加/%
1	11.589	89.143	89.143	11.589	89.143	89.143
2	0.731	5.622	94.765			

续表 2-5

因子	初始特征值			提取平方和载入		
	总计	方差的/%	累加/%	总计	方差的 %	累加 %
3	0.353	2.717	97.483			
4	0.217	1.669	99.151			
5	0.051	0.395	99.546			
6	0.029	0.224	99.770			
7	0.017	0.132	99.902			
8	0.007	0.053	99.955			
9	0.003	0.022	99.977			
10	0.002	0.015	99.992			
11	0.001	0.005	99.997			
12	0.000	0.002	99.999			
13	0.000	0.001	100.000			

表 2-6　综合城镇化各主成分因子得分及最终权重

变量名称	符号	因子得分	系数值	归一化权重
城镇常住人口比	u_1	0.992	0.291	0.081
建成区面积比	u_2	0.996	0.292	0.081
城镇人口密度	u_3	0.928	0.273	0.076
第二、三产业就业人数比	u_4	0.985	0.289	0.081
第二、三产业占 GDP 比	u_5	0.951	0.279	0.078
第三产业增加值指数	u_6	0.968	0.284	0.079
城镇居民家庭人均可支配收入	u_7	0.965	0.283	0.079
恩格尔系数	u_8	−0.907	−0.266	0.074
每万人公交车数	u_9	0.991	0.291	0.081
燃气普及率	u_{10}	0.976	0.287	0.080
人均公园绿地面积	u_{11}	0.980	0.288	0.080
污水排放量	u_{12}	0.892	0.262	0.073
二氧化硫排放量	u_{13}	0.703	0.207	0.057

据公式(2-3)，主成分1的得分可以表示为式(2-5)：

$$F_1 = 0.992 \times u_1 + 0.996 \times u_2 + 0.928 \times u_3 + 0.985 \times u_4 + 0.951 \times u_5 + 0.968 \times u_6 + 0.965 \times u_7 - 0.907 \times u_8 + 0.991 \times u_9 + 0.976 \times u_{10} + 0.980 \times u_{11} + 0.892 \times u_{12} + 0.703 \times u_{13} \quad (2\text{-}5)$$

据表2-4和公式(2-5)，各年份中国综合城镇化的综合得分可以由式(2-6)计算得出：

$$I_n = 0.081 \times u_1 + 0.081 \times u_2 + 0.076 \times u_3 + 0.081 \times u_4 + 0.078 \times u_5 + 0.079 \times u_6 + 0.079 \times u_7 + 0.074 \times u_8 + 0.081 \times u_9 + 0.080 \times u_{10} + 0.080 \times u_{11} + 0.073 \times u_{12} + 0.057 \times u_{13} \quad (2\text{-}6)$$

由表2-6可知，在对各个指标进行归一化后，各个指标对综合城镇化水平的影响程度(即权重)由大到小的排序为：城镇常住人口比＝建成区面积占总面积比＝非农产业占总就业比重＝万人公交车数＞燃气普及率＝人均公园绿地面积＞第三产业增加值指数＝城镇居民家庭人均可支配收入＞非农产业占地区生产总值比重＞城市人口密度＞恩格尔系数＞污水排放量＞二氧化硫排放量。

据式(2-6)，得出1989年至2012年中国综合城镇化水平，与人口城镇化率相比较，见图2-5。

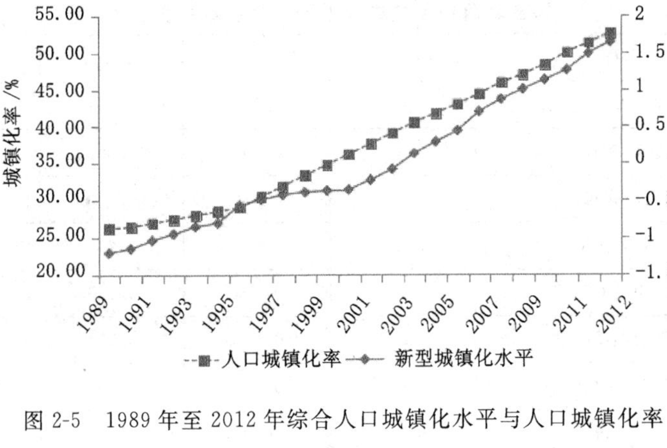

图2-5　1989年至2012年综合人口城镇化水平与人口城镇化率

将综合城镇化水平与人口城镇化率进行比较，发现两者在1989年至2012年都逐年上升，变化趋势总体一致，但在不同阶段增长率有所不同。在1989至1995年间，人口城镇化增长较为平缓而综合城镇化水平提升较为迅速，说明此期间城镇化建设的综合质量较高，在人口和产业转移的同时提升了生活质量，也没有带来过大的环境冲击；1995至2000年间，人口城镇化增长较快和新型城镇化水平提升缓慢，说明此期间城镇化“质”的发展没有跟上“量”的变化，经济和生活水平、生态文明的建设滞后于城镇人口和土地的扩张；2000 至 2006 年，综合城镇化水平提升稍快于人口城镇化增长，2006 年至 2012 年，人口城镇化率与综合城镇化水平增长趋势基本相同。

2.2　能源消费现状

中国能源资源总量较为丰富，据 BP 2014 世界能源统计，截至 2013 年底中国煤炭探明可采储量为 1 145 亿 t，占全球的 12.8%，在美国和俄罗斯之后列世界第三；石油已探明储量 18.1 千百万桶，占全球的 1.1%；天然气已探明 3.3 万亿 m^3，占全球的 1.8%。在常规化石能源中煤炭资源丰富、占主导地位，此外，页岩油、煤层气等非常规化石能源以及水力、风力、核能等可再生能源总量也较为丰富。但由于中国人口基数大、国土面积广，能源面临着人均储量低、分布不均匀、能源生产地与消费地分散的问题。相对能源蕴含状态，下面从总量、结构、效率几个方面分析中国能源消费的现状。

2.2.1　能源消费总量

中国能源消费的总量从 1953 年的 5 411 万吨标准煤增加到 2012 年的 361 732万吨标准煤，增长了近 66 倍，年均增长率为 7.32%，与同期 GDP 增长率相似。图 2-6 描述了 1953 年以来能源消费量的变化趋势。

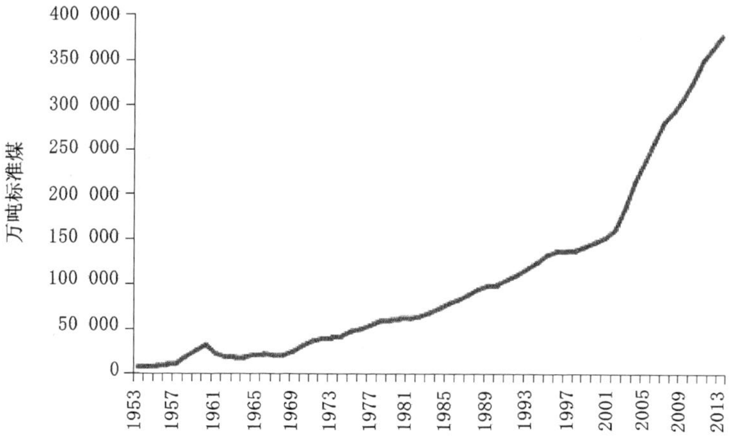

图 2-6　1953 至 2013 年中国能源消费总量变化趋势

自 2010 年起，中国超过美国成为了世界上最大的能源消费国，至 2013 年底，中国一次能源的消费量占全球的 22.4%，超过了欧盟各国的总和。表 2-7 列出了2003～2013年主要国家/地区的能源消费情况，及2013年底该国/地区能源消费在全球所占的比例。

表2-7　　2003～2013年主要国家/地区能源消费情况

	2003	2005	2007	2009	2010	2011	2012	2013	占全球比(2013)/%
中国	1 245.3	1 601.1	1 880.1	2 104.3	2 339.6	2 544.8	2 731.1	2 852.4	22.4
美国	2 302.3	2 351.3	2 371.7	2 205.9	2 284.9	2 265.4	2 208.0	2 265.8	17.8
加拿大	312.1	324.1	327.5	311.5	315.6	328.1	326.9	332.9	2.6
欧盟	1 789.6	1 818.7	1 801.1	1 691.2	1 752.8	1 691.2	1 685.5	1 675.9	13.2
法国	260.6	262.9	258.0	244.9	253.3	245.0	245.3	248.4	2.0
德国	337.0	333.2	324.6	307.8	322.5	307.5	317.1	325.0	2.6
英国	225.4	228.2	218.2	203.9	209.2	196.3	201.6	200.0	1.6
日本	514.4	531.4	526.7	477.5	506.8	481.2	478.0	474.0	3.7
韩国	209.8	220.8	231.9	237.4	254.6	267.8	270.9	271.3	2.1
巴西	189.7	206.5	225.9	235.2	257.4	269.3	276.0	284.0	2.2
俄罗斯	642.2	648.0	680.1	647.8	674.1	695.9	699.3	699.0	5.5
印度	320.8	366.8	420.1	483.8	510.2	534.6	573.3	595.0	4.7
南非	109.4	115.1	122.8	123.6	125.1	123.0	122.6	122.4	1.0

能源消费量单位：百万吨油当量。

从表2-7可以看出，发达国家在2003年到2013年期间能源消费的增长很慢，美国、欧盟、日本等国/地区甚至出现了负增长；即使与处于相同发展阶段的“金砖五国”相比，中国能源消费总量的增长速度也明显过快。中国人口基数大，目前人均能源消费量与发达国家以及世界平均水平还有一定差距，如果经济发展和城镇化过程中按照发达国家的人均消费水平推进，总体能源消费将出现井喷式增长。

能源消费体现对能源的需求，能源消费总量大、增速快的特点使得中国能源的供需矛盾加剧，自给率逐步降低。继石油之后，自2009年起中国又成为煤炭净进口国，日益增加的能源对外依存度，使得国际能源价格波动、国际政治局势的变动对国内经济运行的稳定性影响加重。

2.2.2 能源消费结构

能源消费结构描述的是能源总消费量中各类能源的构成及其比例关系，反映能源利用的社会经济技术条件和效果。各类能源的产热值和碳排放系数不同，消费同等质量的不同能源能够获得的能量不同，产生的二氧化碳量也不同。例如在化石能源中，据 IPCC2006 年提供的碳排放系数，煤的碳排放系数约为 94 600 kg CO_2/TJ，天然气的碳排放系数约为 56 100 kg CO_2/TJ，这表明消费的煤和天然气在提供同等能量时，使用煤产生的二氧化碳要远大于天然气；而消费核能、水能、风能等清洁能源时，直接产生的二氧化碳为 0。

图 2-7 中描绘了 1953 年以来中国能源消费结构变化的趋势。长期以来受到资源禀赋、能源政策以及发展方式的影响，中国能源生产和消费中煤炭一直占主导地位，是世界上极少数几个能源消费“以煤为主”的国家之一。从表 2-8 中可以看出，中国煤炭消费的比重为世界平均水平的 2 倍多，欧盟的将近 4 倍。

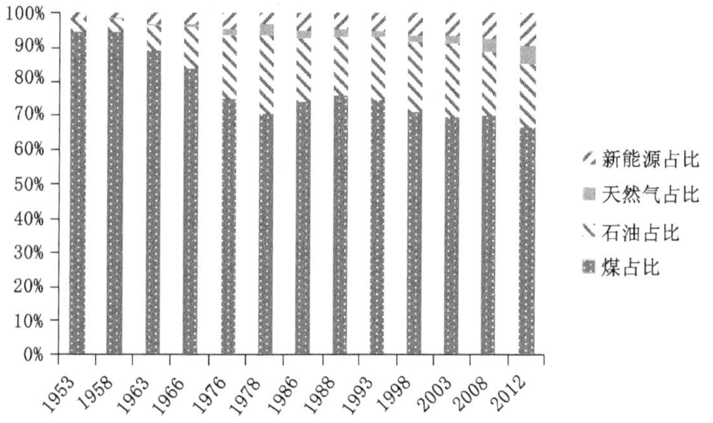

图 2-7　1953 至 2013 年中国能源消费结构变化趋势

表 2-8　　2013 年主要国家/地区能源消费结构

	石油	天然气	煤	可再生能源
中国	17.79	5.10	67.50	9.61
美国	36.68	29.61	20.11	13.59
欧盟	36.11	23.53	17.03	23.33
日本	44.07	22.19	27.13	6.60
巴西	46.73	11.94	4.82	36.51
俄罗斯	21.90	53.23	13.38	11.47
南非	22.22	2.86	72.06	2.86
印度	29.45	7.78	54.50	8.24
世界合计	32.87	23.73	30.06	13.34

单位：%（数据整理自 BP Statistical Review of World Energy，2014）。

从表 2-8 中可知，中国的能源消费结构呈现“低质型”的特点：供能效率低、污染大的煤占到消费总量的三分之二以上，可再生能源及化石能源中较为清洁高效的天然气份额小。“绿色低碳”已经成为“十三五”能源发展的战略之一：一方面控制煤炭的消费比重，从改变煤炭粗放生产和粗放利用的现状入手，逐步降低对煤炭的依赖；另一方面大力发展清洁能源，加强水电、核电、风力、太阳能及生物质能等各种清洁、可再生能源的开发，提高天然气终端消费比重。

2.2.3 能源消费效率

能源消费效率即能源使用效率。能源使用效率可以分为能源的技术效率和经济效率。本书从经济视角考量能源消费与城镇化直接的作用机制及协同发展，因此只考虑能源的经济效率，下文中简称为能源效率。能源效率用于反映单位能源所带来的经济效益，即减少提供同等能源服务的能源投入，体现能源消费与经济增长的关系。能源效率的度量方式分为多种，其中能源强度（EI）用单位 GDP 的能源消耗状况直观反映能源效率的高低，其值越小则能源利用效率越高，相应经济增长对能源的依赖程度越低。能源强度的计算公式为 $EI=E/GDP$，1953 年以来中国能源强度的变化趋势见图 2-8。

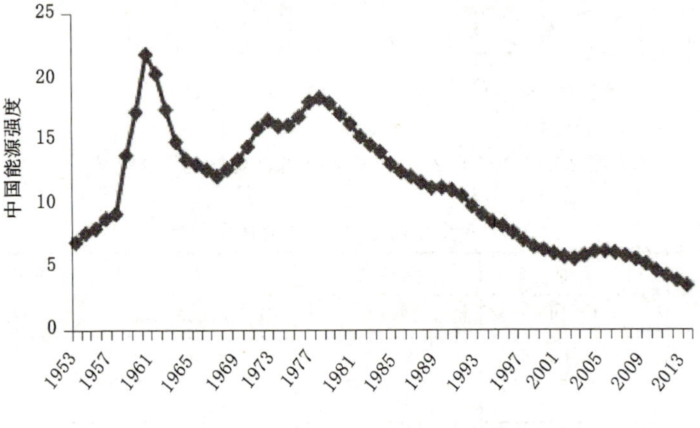

图 2-8 1953～2013 年中国能源强度变化趋势

单位：吨标准煤每万元

从图 2-8 中可知，中国能源强度经历了三个明显的涨落周期：第一个为 1953 年到 1967 年，其中峰值出现在 1959 年，此周期初期中国经济百废待兴，以重工业发展为重点，还经历了盲目和激进的发展，追求数量忽视质量，造成了能源的极大浪费，能源强度迅速攀升；1960 年后盲目发展的势头得以遏制，能源强度也随之下降。第二个周期为 1968 年到 2002 年，其中峰值出现在 1977 年，中国狠抓钢铁、军工、基础工业和交通运输建设，从而拉动了能源的高消耗；改革开放以后受到产业结构调整、能源消费结构优化、节能优先的能源政策，以及对外合作与交流加强等因素的影响，能源强度有所下降。第三个周期为 2003 年至今，峰值出现在 2005 年，2003 年起由于经济复苏投资增加，重工业尤其是高耗能行业发展加快，能源强度有所提升；2005 年后随着技术水平的提高，能源效率有所提高，能源强度相应下降。虽然近年中国能源强度持续下降，但与其他国家相比仍有一定差距，见表 2-9。

表 2-9　　世界主要国家能源强度

国家/地区	能源强度	国家/地区	能源强度
世界	0.17	非 OECD 合计	0.34
OECD 合计	0.10	中国	0.39
美国	0.11	印度	0.37
日本	0.07	俄罗斯	0.41
德国	0.07	巴西	0.23
加拿大	0.09	伊朗	0.35
法国	0.07	印度尼西亚	0.39
韩国	0.09	沙特阿拉伯	0.31
英国	0.10	南非	0.29

能源强度单位：吨标准油每万美元。

能源强度是一国经济发展阶段、经济结构、能源结构、技术水平、管理水平等多种因素综合作用的结果，其值越低，能源利用效率就越高，该指标对宏观经济运行具有较高的参考价值。中国能源消费量的急剧增加，与落后的消费方式密切相关。经济增长方式粗放、能源结构不合理、能源技术装备水平低和管理水平相对落后，导致单位国内生产总值能耗和主要耗能产品能耗高于主要能源消费国家平均水平。中国能源消费主要集中在制造业，传统制造业的“高能耗、低产出”是造成中国能耗水平高的重要因素。化工、石化、冶金和纺织等 10 个传统行业，耗能超过 60%。城镇化也是影响能源效率的因素之一，下面继续就城镇化进程中能源的集约效率进行评价。

2.2.4　能源的集约效率

(1) 能源集约效率的定义及测度方法

健康的城镇化应该促进包括能源在内的各类资源发挥集聚作用，即能源消费的集约效率提高。据王家庭(2010)对资源集约效率的定义,能源集约效率(IE, Intensive Efficiency)可以表述为目标能源消耗(Target Energy Consumption)与实际能源消耗(Actual Energy Consumption)的比值,见式(2-7):

$$IE_i = \frac{TEC_i}{AEC_i} \tag{2-7}$$

上式中 TEC 为目标能源消费量,AEC 为实际的能源消费量。整理现有研究,发现绩效主要可以通过参数和非参数两类方法测算。参数方法包括随机前沿方法(Stochastic Frontier Analysis,SFA)和自由分布方法(DFA)。该方法将生产效率以函数形式表达出来,假定企业由于各种组织、管理及制度等非价格性因素导致生产过程中效率的损耗,而达不到最佳的前沿技术水平。相比而言非参数方法对生产边界的限制较少。

Charmes 和 Cooper 等建立了数据包络分析(Data Envelopment Analysis, DEA)模型,并结合瑞典经济学者 Malmquist 提出了 Malmquist 指数形式,形成了以非参数形式来估计全要素生产率的方法论基础。目前国内普遍使用的是非参数方法。最为常见的非参数方法是数据包络分析(DEA)。DEA 是一个线性的程序化方法,被用来估计决策单位(DMU,Decision Making Unit)的效率。DEA 是直接基于一组特定的决策单位数据而不是一种特定的函数形式界定生产边界,是通过与最优绩效边界的差幅反映一个决策单元有无效率。

DEA 方法分为两大类:一是 Charnes,Cooper,Rhode 等人提出的基于规模报酬不变(Constant Return to Scale,CRS)的 DEA 模型;二是 Banker,Charnes 和 Cooper 扩展了 CRS 模型中关于规模报酬不变的假设,提出了基于可变规模报酬(Variable Return to Scale,VRS)的 DEA 模型。作为一种运用线性规划的数学过程,DEA 用于评价决策单元(DMU)的效率。此方法通过构建出一条非参数的包络前沿线,区分有效点与无效点,有效点位于生产前沿上,无效点处于前沿的下方。两者的区别在于 VRS 比 CRS 构成的圆锥更为紧凑,形成了一个截面凸包。VRS 可以将技术效率分解为纯技术效率和规模效率,但基于投入法和产出法所计算的效率是不相等的。由于此处关注的能源是投入要素,因此采用 CRS 假设下基于投入法的 DEA 模型。

(2) 能源集约效率测度模型构建

据上文分析,采用 DEA 分析中的 CCR 模型,在投入导向型下借助投影分析,通过比较各省份各能源的实际投入值与各行业处于相对有效状态下的能源目标投入值来衡量各省份的集约效率。CCR 假设下基于投入的 DEA 模型,以两种投入要素为例进行说明,如图 2-9 所示。

在图 2-9 中,有两个投入要素 X 和 Y,将产出水平单位化,等产量线为 SS',

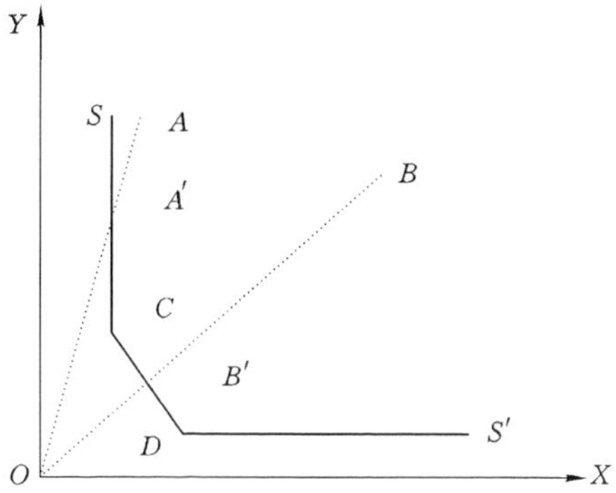

图 2-9 基于投入的 CCR 模型

C 和 D 为包络线上的有效率点，而点 A、B 则在包络线上方，表示此情况下同样产出需要消耗更多资源，即存在效率损失。按照 Farrell(1957)的定义，决策单元 A、B 的效率分别为 OA'/OA 和 OB'/OB，但由于在 A'点可以继续减少 Y 投入 CA'从而到达 C 点，此时产出维持不变即存在投入松弛问题，因此，位于包络线 SS'上的点 A'点不是有效点。在图 2-9 中，无效点 A 的有效参照点为 C 而非点 A'，点 A 的要素包括两部分无效损失：一是由于决策单元 A 的技术无效率而导致的投入资源过量(用 AA'表示)；二是由于配置不当所导致的松弛量(用 $A'C$ 表示)。AA'与 $A'C$ 的和 AC 就是点 A 到达目标点 C 所需要调整的要素的数量。AC 越大即生产中浪费的资源越多，相应的集约程度也就越低；同其他在前沿面上的有效点相比较，减少的资源数量越多就说明该点的浪费越严重、集约效率越差。当 $AC=0$ 时资源投入不需要调整，即该 DMU 的资源投入已经处于最优生产边界上，此时集约效率为 1。

(3) 中国能源集约效率的测度

对式(2-7)采用 CRS 假设下基于投入法的 DEA 模型，以 2006 至 2012 年各省能源消费为投入变量，GDP 为产出要素，比较各省(区、市)的能源集约效率，结果如表 2-10 所示。

表 2-10　　2006 至 2012 年各省(区、市)能源集约效率

	2006	2007	2008	2009	2010	2011	2012	平均
北京	0.991	1.000	1.000	1.000	1.000	1.000	1.000	0.999
天津	0.714	0.723	0.678	0.713	0.692	0.641	0.631	0.685
河北	0.406	0.403	0.370	0.375	0.367	0.358	0.353	0.376
山西	0.270	0.264	0.263	0.266	0.255	0.264	0.251	0.262

续表 2-10

	2006	2007	2008	2009	2010	2011	2012	平均
内蒙古	0.321	0.321	0.322	0.343	0.343	0.330	0.322	0.329
辽宁	0.425	0.439	0.410	0.437	0.430	0.421	0.424	0.427
吉林	0.483	0.484	0.459	0.507	0.511	0.500	0.508	0.493
黑龙江	0.546	0.532	0.484	0.474	0.444	0.447	0.431	0.480
上海	0.876	0.867	0.816	0.785	0.785	0.733	0.713	0.796
江苏	0.861	0.866	0.806	0.793	0.786	0.766	0.752	0.804
浙江	0.887	0.893	0.824	0.809	0.798	0.780	0.770	0.823
安徽	0.655	0.650	0.606	0.605	0.612	0.623	0.608	0.623
福建	0.848	0.835	0.779	0.746	0.742	0.709	0.707	0.767
江西	0.752	0.752	0.733	0.737	0.712	0.727	0.719	0.733
山东	0.623	0.633	0.576	0.576	0.565	0.526	0.516	0.574
河南	0.575	0.577	0.537	0.541	0.533	0.503	0.503	0.538
湖北	0.526	0.527	0.502	0.502	0.511	0.510	0.505	0.512
湖南	0.568	0.575	0.558	0.532	0.530	0.524	0.531	0.545
广东	1.000	0.995	0.926	0.892	0.866	0.804	0.786	0.896
广西	0.650	0.657	0.606	0.615	0.593	0.587	0.572	0.611
海南	0.868	0.867	0.788	0.754	0.725	0.678	0.679	0.766
重庆	0.559	0.555	0.572	0.510	0.502	0.490	0.494	0.526
四川	0.519	0.517	0.493	0.474	0.469	0.459	0.466	0.485
贵州	0.245	0.243	0.239	0.286	0.280	0.271	0.278	0.263
云南	0.458	0.453	0.425	0.431	0.415	0.401	0.397	0.426
陕西	0.553	0.559	0.553	0.561	0.549	0.552	0.546	0.553
甘肃	0.352	0.360	0.338	0.337	0.334	0.333	0.324	0.340
青海	0.258	0.253	0.243	0.254	0.249	0.225	0.216	0.243
宁夏	0.192	0.190	0.193	0.212	0.216	0.210	0.206	0.203
新疆	0.376	0.378	0.342	0.337	0.307	0.287	0.255	0.326
全国平均	0.579	0.579	0.548	0.547	0.537	0.522	0.515	0.547

可以看出，中国整体平均的能源集约效率低，而且在研究的时间段中集约效率不但没有提高而且还有轻微的下降趋势。说明目前在城镇化过程中，中国整体上在能源使用方面未能有效发挥集聚效应，仍属于粗放式消费。对比各省区

的能源集约效率，发现各省份的能源集约效率差异大，最高的为北京市，达到了 0.999；而最低的宁夏回族自治区仅为 0.203。值得注意的是，能源产出大省，如山西、内蒙古、河北、辽宁等其能源集约效率都低于全国平均水平，说明能源生产本身存在低效率、不经济的问题。

将各省区的能源集约效率排序，发现如图 2-10 所示，呈现东高西低的整体态势，除河北、辽宁等个别省份外，东部的能源集约效率总体上高于中、西部省份；中部除山西、内蒙古等个别省份外，能源集约效率总体上又高于西部省份。与中国的经济发展水平、城镇化进程和能源消费量一样，能源集约效率也呈现“东—中—西”由高到低的阶梯式态势，说明与经济发展水平和城镇化发展有关的技术因素也许是影响能源集约效率高低的因素之一。

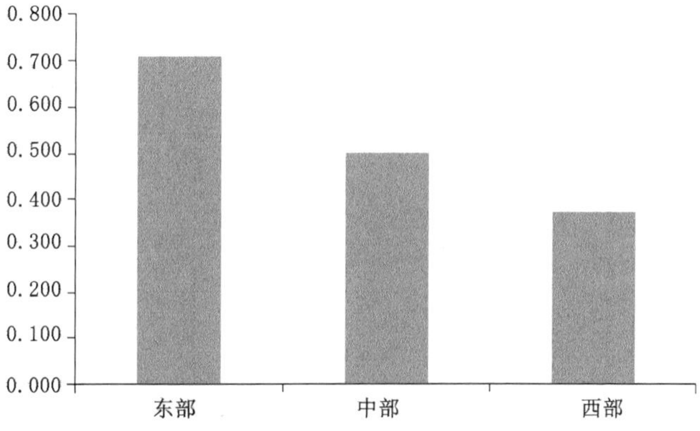

图 2-10　三大区域能源集约效率比较

2.3　传统城镇化模式与能源发展的不协同

2.3.1　能源耗竭约束经济增长和城镇发展

1978 年至 2013 年底，中国的国内生产总值年均增长率为 9.8%，城镇人口增加了 5 亿多，发展成果举世瞩目。然而，中国经济的快速增长和城镇的迅速扩张是以能源大量消耗的增加为代价的，35 年间中国的能源消费总量增长了 6 倍多。2010 年起，中国已经成为世界最大的能源消费国，仅 2012 年就消费了全球 21.6%的一次能源，尤其是煤炭的消费量更是超过了全球总量的一半。此外，能源消费的增长速度也超出预期。至 2005 年，中国的能耗水平就已经达到了 1999 年时预计的 2020 年的水平。

图 2-11 描述的是 1980 年至 2012 年能源消费和城镇化的增长率的变化趋势，城镇化增长较为平稳，能源消费的增长波动较大，除个别年份（1996 年至 2001 年）外，能源消费的增长速度始终快于城镇化率增长速度。这说明目前城镇化的发展属于能源依赖型，城镇化率的提高是以能源的大量消费为代价的。按照现有的发展模式，未来继续增加的城镇人口会不断推高对能源的需求。然而，能源尤其是煤炭、石油、天然气这些在中国能源消费中占主体地位的化石能源总量是有限的。与巨大的消费量相比，中国的能源储量，尤其是人均能源储量远低于世界平均水平。大量、快速的能源消费导致可用能源量不断减少。在当前能源依赖型经济环境下，作为重要生产投入的能源逐步耗竭将制约经济的增长，阻碍城镇化的进一步推进。

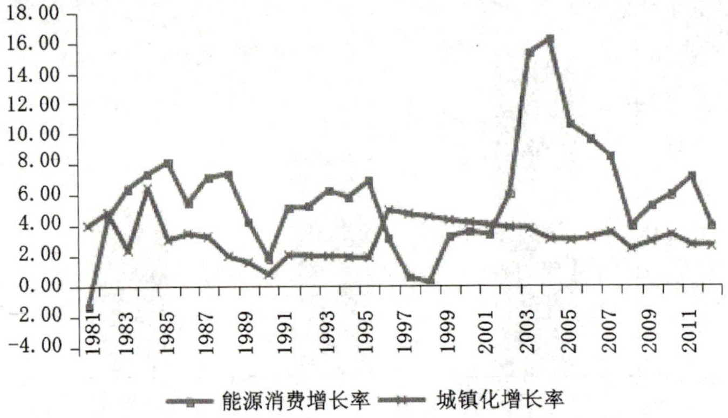

图 2-11 能源消费与城镇化增长速度比较（%）

不断增加的能源需求和逐渐减少的可供应能源量造成了越来越大的能源缺口，导致能源进口量的逐年增加。2013 年底，石油的进口比例接近 60%，煤炭净进口量超过了 3.2 亿 t。作为经济和社会发展的重要战略物资，能源的进口依存度持续攀升削弱了中国的能源安全基础，给城镇化的发展带来不可忽视的安全隐患。

2.3.2 粗放用能模式影响城镇发展质量

在城镇发展过程中，中国能源效率有了一定程度的提高，“十一五”期间通过降低能源强度减少了 6.3 亿吨标准煤的消耗。但能源强度、单位 GDP 能耗等反映能源效率的指标仍高于发达国家和同等发展水平国家（表 2-11），经济增长依赖能源消耗的粗放用能模式及其对应的粗放增长方式没有得到彻底改变。

表 2-11　　主要国家能源强度及城镇化比较

区域/国家	能源强度	城镇化率/%	区域/国家	能源强度	城镇化率/%
世界	0.17	54	英国	0.10	82
美国	0.11	81	澳大利亚	0.11	89
日本	0.07	93	中国	0.39	54
德国	0.07	75	印度	0.37	32
加拿大	0.09	82	俄罗斯	0.41	74
法国	0.07	79	巴西	0.23	85
韩国	0.09	82	南非	0.29	64

数据来源：能源强度数据由《中国能源统计年鉴 2013》计算得出，单位为吨标准油每万美元；城镇化率数据来源于联合国统计数据。

从表 2-11 中可以发现，中国的城镇化率与世界平均水平持平，但明显低于发达国家，在“金砖五国”中也属于偏低水平，仅高于印度。在能源强度方面，中国单位产值能耗是世界平均水平的两倍多，是发达国家的 3～6 倍，在“金砖五国”中仅低于俄罗斯，位列倒数第二。说明中国的城镇化发展潜力巨大，但能源效率低、提升空间大。

部分城镇为追求短期内 GDP 快速增长，盲目增加投资、扩大建设，却由于自身吸引高新技术的能力不足，无法保证新建项目适应当地情况，导致一些高投入、高消耗、低效益的产业重复建设，低水平产能过剩，短期内政绩斐然，但无法发挥各类资源的集聚效应，不仅造成浪费，而且对城镇长期的产业布局和发展模式造成严重负面影响。这种粗放利用资源、粗放增长方式支撑下的城镇发展效率低、质量差。

高消耗、高排放的能源利用方式导致城镇化直接、间接成本上升，降低社会福利水平。居民享受优质优价能源供应、享有健康生活环境的权益受到侵害。低收入家庭在这种情景下受到的影响更为严重：虽然他们在能源和环境方面的总花费较小，但其占家庭收入的比例却较高，对能源价格敏感性更高；同时，能源紧缺和污染会影响全体居民，但低收入者通常受影响更为严重，且更难以应对。由此产生的社会不和谐问题降低了城镇的包容性，阻碍着城镇的可持续、高质量发展。

2.3.3　过量碳排放导致生态环境破坏

碳排放问题实质上就是能源消费的问题。中国现有能源结构以化石能源为主，煤炭、石油、天然气的比重占能源消费总量 90%以上。化石能源消耗产生的碳排放对环境造成了严重的污染，在人口密集的城镇问题尤为突出。大多数的能源消耗和环境污染发生或来源于城镇需求，而城镇自身遭受的损失也是巨大的。近年来各大城市圈频频出现的雾霾天气对经济生产乃至日常生活都带来了极大的负面影响。据《迈向环境可持续的未来——中华人民共和国国家环境分析》，中国最大的500个城市中，只有不到1%达到了世界卫生组织推荐的空气质量标准，而全球污染最严重的十个城市中中国就占了7个。

生态环境的恶化不仅带来直接和间接的经济损失，还会阻碍城镇和社会的发展。环境污染造成的高死亡率，据估计，中国城市中由空气污染造成的过早死亡人数由2001年的41.8万增长到2010年的51.4万。环境污染对居民健康损害也造成严重的经济损失。尤其在污染严重的地区，恶劣的环境不仅影响移民决定、无法吸引人才，而且降低了工人的出勤率进而降低了生产率。

作为目前最大的发展中国家和最大的温室气体排放国，中国的节能减排问题也受到了国际社会的广泛关注。在《京都议定书》等一系列世界经济低碳化的国际规则规范下，中国政府在哥本哈根气候峰会前宣布，到2020年中国单位GDP二氧化碳排放要比2005年下降40%到45%。对来自国际减排压力的积极回应，不仅体现了中国负责任大国的国际地位，更是源于中国内部建设生态文明的迫切需求。

透过上述不协同现象可以发现，传统城镇化与资源环境不协同的症结在于不重视两者的内在相互联系，将城镇的发展与能源等资源环境割裂开来，没有用系统的观点考虑城镇化的进程，导致传统城镇化发展理念和发展方式上存在偏差。在发展理念方面，传统城镇化重视发展速度、忽视发展质量，重视经济指标、忽视资源环境基础，在人口转移、产业选择时通常以经济快速增长为目标，较少考虑资源环境的承载能力，给生态系统带来了巨大压力。在发展方式方面，传统城镇化为资源依赖型粗放发展，经济增长以大量的能源及其他资源投入为代价，能源使用效率不高、浪费现象严重，城镇化的集约效应没有得到充分发挥。

第 3 章

能源消费对城镇化的作用机制

本章分析能源消费对城镇化的作用机制。能源在城镇化的发展过程中不仅是必需消费品，而且是必要的投入要素。一方面，从一般商品、投入要素和经济均衡三个视角，用一般均衡分析、菲利普斯曲线分析能源消费对城镇化的作用机制，揭示能源消费对城镇发展具有支撑和推动作用，另一方面，将能源消费对城镇化的约束分为直接效应和间接效应两个层面，通过“尾效”分析进行研究。

3.1　能源消费对城镇化的经济作用

3.1.1　能源是城镇生活的必需消费品

能源是城镇的必需消费品，从居民出行乘坐的汽车、火车的运行，居民家庭平日的照明、温度控制，到一日三餐炒菜烧饭，以及看电视、用电脑等娱乐活动，居民的日常生活都离不开能源的消费。居民的能源消费实质上表现的就是对能源的需求。

作为一般商品，能源遵循供给需求理论规律，即能源市场的供给与需求决定能源的价格，同时能源价格也影响整个宏观市场的能源需求和供给。能源市场的市场化程度越高，能源供需与价格之间的相互影响也越大。在短期内，能源的供给受到技术发展的限制，弹性较小，此时能源需求的增加可以导致能源价格上升，如图 3-1 所示。

由于是生活必需消费品，能源的需求弹性较小，对价格不太敏感。从供需关系的基本观点看，需求量受到价格的影响，当价格 P 上升由 P_1 移动至 P_2 时，需求量 Q 从 Q_1 下降到 Q_2，表明提高能源价格使能源需求减少，即能源的消费量降低。价格升高导致能源消费变动的原因可以用以下三种效应进行解释：

一为收入效应：由于能源是正常商品而非吉芬商品，收入增高不会导致需求的下降。当能源价格 P 增加时，间接降低了消费者的实际购买力，消费者受到成本和利润约束，会相应减少对于能源的需求并通过其他途径实现对于能源的替代。

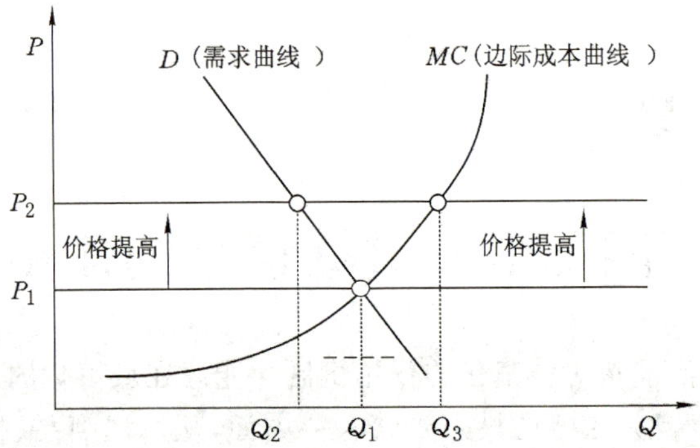

图 3-1 能源的供求曲线

二为替代效应：能源价格 P 的增加，意味着能源相对于其替代品的价格上涨，由于消费者追求效益最大化，因此消费者会选择增加其替代商品的消费而减少对能源的需求，然而实际生活中能源的可替代性较小，收入效应和替代效应作用效果减弱。

三为预期效应：市场中经常对价格 P 存在一种预期，当期价格的变动会影响消费者对于未来价格的预期。P 增加时，市场预期未来的 P 会继续增加，这使得消费者增加当期对能源的购买，能源消费相应存在潜在的增加趋势。实践中，预期效益弱于收入和替代效应，容易被抵消。快速的经济增长和城镇发展使得能源需求呈现需求刚性特征，因此实践中还是强调“相对需求”下降。

实际市场运行当中，能源的市场化程度有限。能源资源独特的战略特性使得各国政府、各大能源供给利益团体都通过各种方式对能源产量、价格加以控制，但能源消费需求相对内生。

3.1.2 能源是城镇生产投入要素

除了满足城镇居民交通、取暖、照明等直接生活能源消费需求之外，能源还是城镇产业和经济发展的重要投入要素，与资本、劳动力共同作用于经济发展。

早期的主流经济学家不太看重能源对城镇经济和发展的作用。经典的经济增长理论长期忽略能源对经济增长的作用：新古典经济学把影响经济增长的主要要素归结于劳动、资本和全要素生产率，而能源和其他自然资源则被视为单纯的生产成本问题；索洛增长模型中，经济增长的动力被归结为外生的技术进步，但技术进步的来源并未得到解释，忽视了技术进步过程也要耗费资源这一客观事实；内生经济增长模型中，加入了知识、人力资本和其他的内生变量，但仍未考虑能源及其他自然资源。

（1）能源与其他要素的替代关系

直到 20 世纪 70 年代石油危机出现以后，能源对于经济增长的重要作用才逐渐得到重视。在新古典经济学和可耗竭资源理论的框架下，越来越多的学者开始研究能源对经济增长的影响。研究发现，能源对于经济的增长至关重要，应该和资本、劳动一样被视为一种不可缺少的生产要素。用柯布-道格拉斯生产函数的形式，可将生产函数拓展为：$Y=AK^{\alpha}L^{\beta}E^{\gamma}$，其中 Y 为经济产出，K，L，E 分别代表资本、劳动力和能源投入。可以用等产量线和等成本线来描述能源和资本、劳动力组合要素的替代关系及对产出的影响，如图 3-2 所示。

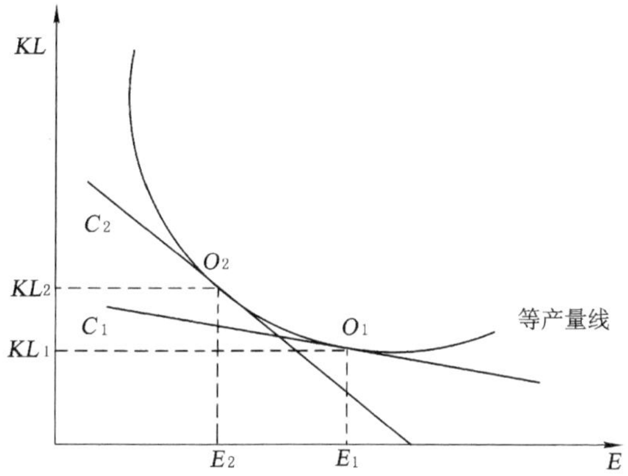

图 3-2　能源和资本、劳动力组合的替代关系

图 3-2 中 C_1 和 C_2 分别为不同价格比率下的等成本线，$O_1(E_1, KL_1)$ 和 $O_2(E_2, KL_2)$ 为资源最优配置点，等产量线用来表示能源要素和资本、劳动力组合要素的投入配比。在一定范围内，能源可以被资本和劳动力的组合替代，但这种替代不是完全的，因此生产函数曲线凸向原点，要素之间的边际技术替代率递减。当资本和劳动力要素组合对能源的替代达到极限时，无论投入多少其他要素，产量都无法继续提高。当能源要素的价格发生变动时，要素市场的价格水平和均衡值首先改变，然后传导到生产过程和消费过程，最终影响商品市场的均衡产量和均衡价格水平。作为生产要素，能源与其他要素之间存在替代关系，能源价格的提高通过产量和成本的共同作用使得能源除了满足城镇居民交通、取暖、照明等直接生活能源消费需求之外，还是城镇产业和经济发展的重要投入要素，与资本、劳动力共同作用于经济发展。需求的减少、能源的供需情况和均衡状态变动会对整体经济产生各种影响，包括实际工资的变化、投资和产出的变化以及物价水平的变动等。

（2）能源对城镇增长的约束

在目前的技术水平和能源结构下，能源的供给是有限的，其稀缺性对城镇经济的增长会产生约束，可以用图 3-3 来表示。

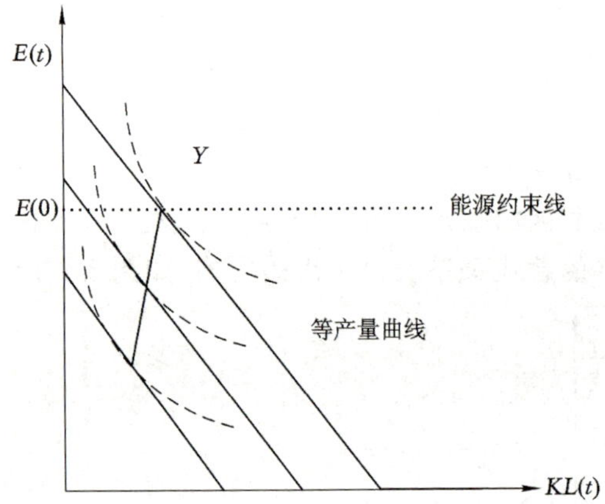

图 3-3 能源约束下的城镇经济增长

如图 3-3 所示，在能源供给有限的情况下，最初能源 $E(t)$的投入随着资本、劳动力组合 $KL(t)$的增加等比增长，但当 $E(t)$的增长达到一定的数值后，即使再投入 $KL(t)$，$Y(t)$也无法增加。从 $E(t)$达到极限状态开始，所有的 $KL(t)$追加的部分单独作用于 Y 的产出。在 $E(t)$达到最大限制 $E(0)$后，Y 无法继续与 $KL(t)$等比增长。

3.1.3 能源消费对整体经济的影响

(1) 基于一般均衡理论模型的分析

从本质上讲，能源消费与城镇经济发展的关系，即为需求与产出的关系。作为一种特殊的商品，能源对于某些部门而言，是一种生产要素；对于一些部门而言，是一种最终产品；而对于另一些部门而言，又是一种中间产品。各个部门能源消费情况取决于各部门间的博弈，消费的变动对整体城镇经济的均衡情况产生影响。本节基于一般均衡理论模型，从分部门的角度出发，分析能源消费对城镇经济作用的复杂性。

一般均衡理论认为，如果经济处于完全竞争条件下，市场上所有的买方和卖方都是价格的接受者，当出现一组价格，能使所有消费者对商品组合的选择和所有生产者投入产出组合达到效用最大化时，整个经济便达到了一般均衡状态。基于一般均衡假设前提，根据能源可以同时作为生产要素、中间产品和最终产品的特征，将能源的价格两两分组，共分为三组进行分别研究：能源要素产品价格

P_X和能源中间产品 P_Y；能源要素产品价格 P_X和能源最终产品 P_Z；能源中间产品价格 P_Y和能源最终产品价格 P_Z。三组价格的研究过程存在共性，为避免重复，本部分只选取要素产品价格 P_X和能源中间产品 P_Y作为价格组成，研究要素部门和中间产出部门中，能源价格变动对于整体产出的影响。首先，将各部门产出总值(T)表示为如下形式：

$$T = \sum_{k=1}^{n} T_{x,k} + \sum_{l=1}^{n} T_{y,l} + \sum_{m=1}^{n} T_{z,m} = \sum_{k=0}^{n} P_X \times X_k + \sum_{k=0}^{n} P_Y \times Y_l + \sum_{k=0}^{n} P_Z \times Z_m \tag{3-1}$$

用 $T^{x,k}$、$T_{y,l}$和 $T_{z,m}$分别表示将能源作为生产要素、中间投入产品和最终产品的部门产出的总和；X_k、Y_l 和 Z_m 分别为这三个部门的产量。根据一般均衡理论，生产和交换实现均衡的条件分别为式(3-2)和式(3-3)：

$$MRT_{XY} = \frac{P_X}{P_Y} \quad MRTX_{LK}^{X} = MRTS_{LK}^{Y} \tag{3-2}$$

$$MRT_{XY}^{A} = MRS_{XY}^{B} = \frac{P_X}{P_Y} \tag{3-3}$$

根据能源的价格比，一般均衡实现的条件可以用式(3-4)表示：

$$MRT_{XY} = \frac{P_X}{P_Y} = MRS_{XY}^{A} = MRS_{XY}^{B} \tag{3-4}$$

上式中 MRS 代表边际替代率，$MRTS$ 为边际技术替代率，MRT 表示边际转换率。将能源要素产品作为横轴，中间产品作为纵轴构建关于能源商品的一般均衡模型，如图 3-4 所示。

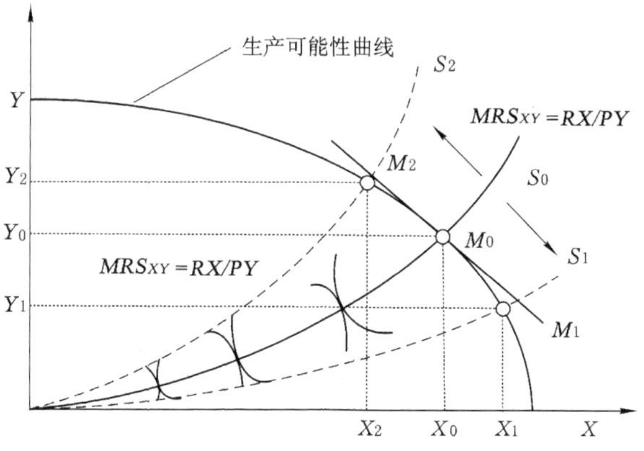

图 3-4　能源要素一般均衡模型

一般均衡理论认为，在生产可能性曲线上的各点为生产的一般均衡，而在交换契约曲线上的各点为交换的一般均衡。而生产和交换的共同均衡即为生产两种商品的边际转换率 MRT 和两种商品的边际替代率 MRS 相等，并且都等于两种商品的价格比。如图 3-4 所示，点 $M_0(X_0, Y_0)$ 为均衡点，表示能源同时作为要素产品和中间产品时最优的分配为：要素产品 X_0，中间产品 Y_0。将点 M_0 代入公式(3-5)中可以得到：

$$T = P_X \times X_0 + P_Y \times Y_0 + \sum_{k=}^{n} P_Z \times Z_m \tag{3-5}$$

式(3-5)表示能源同时作为要素产品和中间产品达到均衡状态下的产出，此时的 T 总产出由均衡条件 P_X/P_Y 决定。如果要素产品 X 的价格 P_X 发生变化，则在生产可能性曲线不发生变动的条件下，交换契约曲线 S_0 首先向 S_1 或 S_2 发生偏移，并导致最终均衡状态的改变。偏移所得到新的均衡点可能在点 M_1 或点 M_2，这两个点决定了新的总产出水平。由此可见，不管能源作为要素产品还是中间产品，其价格的改变都会导致最终产出水平 T 发生变化，而 T 具体变大还是变小无法根据能源的价格变化唯一确定。

基于同样的理论推导过程，分别分析能源作为不同部门产品价格 P_X、P_Y 组合，以及 P_Y、P_Z 组合的情况，得到的结论相同：T 的变动与能源价格相关，但具体变动无法确定。综上所述，能源消费情况影响能源的价格，进而影响城镇经济的整体均衡情况，影响的方向需进行实证分析进一步验证。

(2) 基于菲利普斯曲线的分析

在完全市场条件下，能源作为经济发展的投入要素，能源消费的变化通过供需关系导致价格变化，进而对潜在产出以及通货膨胀等宏观指标产生影响。根据供给需求理论，能源消费(需求)量的变化引起能源价格变化，进而影响潜在的生产能力，而潜在生产能力又与产出缺口相关，产出缺口的变化又直接导致通货膨胀变化，通货膨胀影响利率，直接投资以及居民消费因此直接受到影响，而经济产出又由投资、消费、政府支出和净出口构成。可见能源消费的变化将最终影响城镇经济的发展。

作出如下假定：一是完全竞争市场；二是成本推动通货膨胀理论成立；三是通货膨胀存在螺旋效应。在存在以上三个假定时，通过菲利普斯曲线进行数学上的推导，研究能源消费与城镇经济产出之间具体关系，具体推导过程分为以下几个步骤：首先将附加预期的菲利普斯曲线表达为式(3-6)的形式：

$$\pi = \pi^e - \varepsilon(u - u^*) \tag{3-6}$$

上式中，π 和 π^e 分别表示现有和预期的通货膨胀率；参数 ε 用来衡量价格对于失业率的反应程度；u 和 u^* 分别表示失业率和自然失业率。假设 P 为当期价格水平、P_{-1} 为前一期价格水平、P^e 为预期价格水平，则用 $P - P_{-1}$ 代替

$P^e - P_{-1}$，用 $P^e - P_{-1}$ 代替 π^e，可以将式(3-6)变换为式(3-7)：

$$P - P^e = -\varepsilon(u - u^*) \tag{3-7}$$

根据奥肯定律，有：

$$\frac{y - y_f}{y_f} = -\alpha(u - u^*) \tag{3-8}$$

上式中 y 和 y_f 分别表示实际 GDP 和潜在 GDP；α 为大于零的参数。将式(3-7)带入到式(3-8)中，替换掉 $(u - u^*)$ 后可得式(3-9)：

$$P = P^e = \frac{\varepsilon}{\alpha}\left(\frac{y - y_f}{y_f}\right) \tag{3-9}$$

记 $\lambda = \alpha y_f / \varepsilon$，则可以将式(3-9)写成：

$$y = y_f + \lambda(P - P^e) \tag{3-10}$$

由式(3-10)可看出，能源价格对于经济总产出有正向影响，提高能源价格即相当于预期价格 P^e 的增加，使得经济发展总水平受到负向冲击。因此，能源消费增加后，能源价格相应提高，而城镇经济产出减少。

需要指出的是，菲利普斯曲线方程推导出的能源价格与经济总量关系，并不能完全说明在实践层面价格的增长或降低一定导致经济总量的变化，在研究实际问题时，需要综合国家体制环境、经济结构、资源禀赋等多种因素进行探讨和分析。

3.2　能源消费对城镇化的约束作用

上一节分析了能源作为必需消费品和生产要素对城镇生活消费、生产及经济均衡的影响，本节聚焦于能源消费对城镇化进程的直接和间接约束，进一步阐述能源消费对城镇化的影响。

3.2.1　能源对城镇化的直接约束——能耗视角

能源对城镇化的直接约束体现能源供给与城镇需求之间的矛盾，是可供消费的能源量有限和无限时城镇化发展速度的差异，可以用“尾效”作用进行分析。“尾效”的概念由 Romer(2001)最先提出，指资源和土地约束存在和不存在时经济增长的差异。现将资源约束具体化为能源约束(尤其是化石能源)，将经济增长拓展为城镇化发展，研究一次能源对城镇化的“增长尾效”。分析过程可以分解为两个阶段。第一阶段是能源对经济增长的尾效作用。化石能源是一次能源的主体，在全球占一次能源的 86.9%，在中国占 90.9%，其在生产过程中起到基础性作用，总量固定，大量开采和利用终将降低单位劳动力平均产出而阻碍经济增长。第二阶段是城镇化与能源消费的相互促进作用。一方面，经济的增长推动产业结构升级，劳动力从农村向城市转移，带来的生活质量提高和技术进步带动城镇化的推进；另一方面，城镇化的集聚作用和扩散作用导致规模效应、效率提高，又促进了经济的增长。两阶段的作用经叠加和传导，可推导出能源对城镇化的尾效作用。

(1) 能源对经济增长的尾效作用

用增长理论中的最优增长路径的理论可以推导出能源对经济增长的约束作用。可以在 Solow 的增长模型中加入能源要素进行扩展，扩展后表示为式(3-11)：

$$Y(t) = K(t)^{\alpha}E(t)^{\beta}[A(t)L(t)]^{\gamma}，有\ \alpha > 0,\beta > 0,\gamma > 0\ 且\ \alpha+\beta+\gamma < 1 \tag{3-11}$$

式(3-11)中，Y 为经济产出，E 为生产过程中消耗的能源，L 和 K 分别代表劳动和资本投入，A 为有效劳动。劳动、资本及有效劳动的动态性与经典索洛模型一致，即：

$$\dot{K}(t) = sY(t) - \delta K(t),\dot{L}(t) = nL(t),\dot{A}(t) = gA(t) \tag{3-12}$$

式(3-12)中变量上方的“点”表示对时间的导数，s 为储蓄率，δ 表示资本折旧率，n 代表劳动增长率。由于当前不可再生的化石能源占据能源消费的主体部分，其总量将随消费递减，因此假设 E 的动态性为：

$$\dot{K}(t) = - bE(t),b > 0 \tag{3-13}$$

其中 b 为一次能源消耗的速率。取式(3-11)的对数可变换为：

$$\ln Y(t) = \alpha\ln K(t) + \beta\ln E(t) + \gamma[\ln A(t) + \ln L(t)] \tag{3-14}$$

由于增长率的定义即为变量对其时间导数的对数，可将式(3-14)用增长率的形式表示为式(3-15)：

$$g_Y(t) = \alpha g_K(t) + \beta g_E(t) + \gamma[g_A(t) + g_L(t)] \tag{3-15}$$

用 g_X 表示变量 X 的增长率，所以可以将式(3-15)中的 g_L、g_A 和 g_E 分别表示为 n、g、b，得式(3-16)：

$$g_Y(t) = \alpha g_K(t) - \beta b + \gamma(g + n) \tag{3-16}$$

在经济平衡路径上，有效劳动、劳动和能源的增长率是一定的；资本的增长率可以表示由 $\dot{K}(t)=sY(t)-\delta K(t)$ 变化为 $\dot{K}(t)/K(t)=s\times Y(t)/K(t)-\delta$。为保持式(3-16)成立，资本和经济产出的增长率也应该是固定的，即有 $g_Y=g_K$，进而可推导出式(3-17)：

$$g_Y^{bgp} = \frac{\gamma(g + n) - \beta b}{1-\alpha} \tag{3-17}$$

g_Y^{bgp} 表示平衡路径上 Y 的增长率。而单位劳动力产出在平衡路径上的增长率 $\frac{g_Y^{bgp}}{L}$ 就可以用式(3-18)来表示：

$$\frac{g_Y^{bgp}}{L} = g_Y^{bgp} - g_L^{bgp} = \frac{\gamma(g+n) - \beta b}{1-\alpha} - n = \frac{g\gamma + n\gamma + na - \beta b - n}{1-\alpha} \tag{3-18}$$

式(3-18)为存在一次能源约束时的单位劳动力增长率。接下来需求出一次能源约束不存在时在平衡路径上的增长率，并比较两者的差异。当一次能源约束不存在时，能源的增长率不再是 b，而是等于人口劳动增长率，即 $\dot{L}(t) = nE(t)$。用同样方法推导其单位劳动力产出在平衡路径上的增长率，可得到式(3-19)：

$$\frac{\tilde{g}_Y^{bgp}}{L} = \frac{g\gamma + n\gamma + na + \beta n - n}{1-\alpha} \tag{3-19}$$

式(3-18)与式(3-19)之差即为能源对经济增长的约束，表示为：

$$\mathrm{Drag}_E^Y = \frac{\tilde{g}_Y^{bgp}}{L} - \frac{g_Y^{bgp}}{L} = \frac{\beta(b+n)}{1-\alpha} \tag{3-20}$$

由式(3-20)可知，能源对城镇经济增长的约束大小由能源和资本的弹性系数、能源消耗的速率以及劳动力增长率共同决定。据前文分析有 $\alpha<1$，$\beta>0$，$b>0$，现阶段中国人口红利在逐步减小但目前仍有 $n>0$，因此，能源尤其是化石能源对城镇经济增长的约束为正，即存在能源对经济增长的约束。

(2) 能源对城镇化的尾效作用

能源对城镇化的尾效作用由经济增长作为中间变量推导而来。根据周一星(1995)和刘耀彬(2011)等人的研究，经济增长和能源消费有正向相关关系，且经济增长对城镇化的因果影响强于城镇化对经济增长的影响，两者之间存在一种十分明显的半对数曲线关系，因此用一个简化的二变量模型描述城镇化与经济增长的关系，见式(3-21)：

$$U(t) = c + d\ln Y(t) + \varepsilon \tag{3-21}$$

U 用来表示城镇化水平，d 是经济增长对城镇化的弹性系数。对式(3-20)求指数再求导，变换为式(3-22)：

$$\dot{u} = dg_Y(t) \tag{3-22}$$

式(3-22)中 $\dot{u}$ 为城镇化的年增长率，用与上文同样的假设及与能源对经济增长尾效作用相同的推导过程推导式(3-20)，可得出能源对城镇化的尾效作用可表示为式(3-23)：

$$\mathrm{Drag}_E^U = \frac{\tilde{g}_Y^{bgp}}{L} - \frac{g_Y^{bgp}}{L} = \frac{d\beta(b+n)}{1-\alpha} = d\mathrm{Drag}_E^Y \tag{3-23}$$

由式(3-23)可见，除了能源和资本的弹性系数(β和α)、能源消耗的速率(b)以及劳动力增长率(n)，经济增长对城镇化的弹性系数(d)也对能源对城镇化的尾效作用产生影响。如d为正数，则一次能源对城镇化的尾效作用和对经济增长的尾效作用符号相同。从现有文献可知现阶段中国的城镇化与能源消费成正向相关关系，即d为正，因此尾效也为正。能源对城镇化尾效作用随α,β,b,d和n的增长而增加。

3.2.2 能源对城镇化的间接约束——碳排放视角

能源对城镇化的间接约束是能源消费产生的碳排放造成的气候、环境影响，进一步作用于城镇发展而产生的间接影响。碳的排放主要由能源的消费引起，CO_2的排放量可以通过化石能源消费量乘以各自碳排放系数并加总求得，计算公式如式(3-24)：

$$CE = \sum_{i=1}^{n} E_i \times EF_i \times (1 - CS_i) \times O_i \times M \tag{3-24}$$

从式(3-24)中可见，CO_2的排放量(CE)由不同的能源种类(i)的碳排放系数(EF_i)及其未被氧化而作为原料进入产品中所占的比重(CS_i)、碳的氧化分数(O_i)共同决定。式中的M是碳和CO_2的转换系数，为44/12。可见，从本质上讲，碳排放问题就是能源消费问题。较世界其他国家/地区，中国的城镇化过程不仅规模大而且正处在快速发展期，目前碳排放引起的气候、环境问题已经对城镇化造成了巨大的负面影响。

(1) 国际减排义务

工业革命以后人类的生产活动产生的温室气体排放大量增加，带来了全球性的气候变化，据IPCC的报告，全球变暖有约90%的可能性是由人类活动造成的。气候的变化反过来对人类社会的生存和发展产生严重威胁，厄尔尼诺等极端气候现象频发带来巨大的经济损失；天气异常现象导致的年均经济损失从20世纪50年代的约40亿美元飙升至90年代的500亿美元。

世界各国对碳排放引起的气候问题密切关注，从《京都议定书》到《哥本哈根协议》再到“德班平台”，国际社会在多哈达成一揽子协议，旨在通过各国共同参与将全球温度上升幅度控制在工业革命以前水平的2 ℃以内。虽然在减排配额分配时一般遵照“共同但有区别”的原则，但中国等发展中国家的减排压力日益增大。

据潘家华(2012)的估算，从1850年到2050年，全球二氧化碳排放空间在2.2万亿t左右，以2005年人口为基数，人均历史累积排放大约每年2. 33 t CO_2。随着城镇化的迅速推进，中国人均二氧化碳排放急剧上升，从1970年的

0.95 t(世界平均水平的 1/4)飙升到 2010 年的 5.39 t(较世界人均高出 21.4%)。中国及主要国家 CO_2 排放趋势见图 3-5。

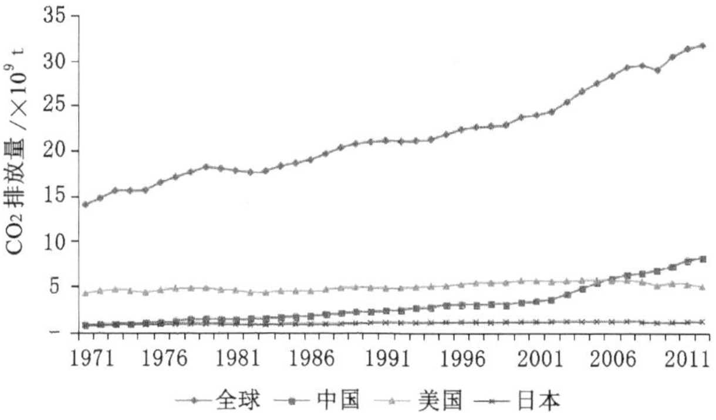

图 3-5　1971～2012 年世界主要国家 CO_2 排放量

作为目前世界第一大碳排放国,中国面临越来越大的来自国际社会的减排压力,在一系列国际规则的规范下,中国政府郑重承诺到 2020 年单位 GDP 二氧化碳排放比 2005 年下降 40%到 45%,体现了中国负责任大国的国际地位。但与发达国家工业化和城镇化进程已基本结束的现状不同,中国正处在城镇化快速发展阶段,对能源需求大,减排可能导致城镇经济发展的减速。

(2) 国内环境压力

大多数的能源消费和环境污染发生在城镇或来源于城镇需求,中国现有能源结构以化石能源为主,煤炭、石油、天然气的比重占能源消费总量 90%以上,化石能源消耗产生的碳排放对环境造成了严重的污染。现阶段,中国城镇发展的基础建设需求带动钢铁、化工、建材等高耗能高排放产业及相应的重工业迅猛发展,2011 年中国化石能源燃烧和水泥生产所排放的二氧化碳,占世界总量的 28%,超过美国(占 16%)和欧盟(占 11%)的总和。目前中国城市人均碳排放水平已经超过欧盟的平均水平,部分城市,例如天津已经接近美国的水平。表 3-1 为 2000 年至 2012 年中国二氧化碳和主要废气的排放情况,个别指标在少数年份有所波动,但整体排放都处于上升趋势。

表 3-1　　2000～2012 年中国 CO_2 和主要废气排放情况

年份	二氧化碳排放量/$\times10^6$ t	工业废气排放总量/$\times10^8$ m^3	二氧化硫排放量/$\times10^4$ t	工业二氧化硫排放量/$\times10^4$ t
2000	3 350.3	138 145	1 995.1	1 612.5
2001	3 437.4	160 863	1 947.8	1 566.0

续表 3-1

年份	二氧化碳排放量/$\times 10^6$ t	工业废气排放总量/$\times 10^8$ m^3	二氧化硫排放量/$\times 10^4$ t	工业二氧化硫排放量/$\times 10^4$ t
2002	3 645.4	175 257	1 926.6	1 562.0
2003	4 219.1	198 906	2 158.7	1 791.4
2004	4 878.1	237 696	2 254.9	1 891.4
2005	54 44.3	268 988	2 549.3	2 168.4
2006	5 955.7	330 990	2 588.8	2 234.8
2007	6 360.4	388 169	2 468.1	2 140.0
2008	6 532.7	403 866	2 321.2	1 991.3
2009	6 839.1	436 064	2 214.4	1 866.1
2010	7 294.9	519 168	2 185.1	1 864.4
2011	8 000.4	674 509	2 217.9	2 016.5
2012	8 250.8	635 519	2 117.6	1 911.7

大量碳排放造成了严重的环境污染，在人口密集的城镇问题尤为突出，城镇自身也遭受到巨大的损失。最近几年各大城市聚集区频频出现雾霾天气，不仅对城镇经济生产，而且对城镇居民的日常生活都带来了极大的负面影响。据《迈向环境可持续的未来——中华人民共和国国家环境分析》，中国最大的 500 个城市中，只有不到 1%达到了世界卫生组织推荐的空气质量标准，而全球污染最严重的十个城市中中国就占了 7 个。高环境污染造成高死亡率，据估计，中国城市中由空气污染造成的过早死亡人数由 2001 年的 41.8 万增长到 2010 年的 51.4 万。环境污染带来的居民健康损害也造成严重的经济损失。尤其在污染严重的地区，恶劣的环境不仅影响移民决定、无法吸引人才，而且降低了工人的出勤率进而降低了生产率。同时，中国的气候变化趋势与全球总体趋势基本一致，近年诸如川渝地区高温伏旱和强暴雨、南方雪灾和北方沙尘暴等极端气候事件的频度和强度都明显增加。可见，气候条件和环境的恶化不仅带来直接和间接的经济损失，还会阻碍城镇和社会的发展。

3.2.3 能源对城镇化尾效作用的实证分析

(1) 数据来源

选择 1978～2012 年间中国能源消费、城镇化水平、经济增长、劳动力和资本的时间序列。能源消费 E 用终端能源消费量表示，单位为万吨标准煤；城镇化

水平 U 取人口城镇化水平，单位为%；经济产出 Y 由 GDP 表示，单位为亿元；用就业人员数表示有效劳动为 AL，单位万人；资本 K 用资本存量表示，单位为亿元。各变量数据来源于《中国统计年鉴》《中国能源统计年鉴》或经计算得出。采用各变量的对数形式来减小时间序列的多重共线和不稳定性。

（2）平稳性检验和协整检验

由于样本量较小为 35，综合使用 ADF 和 NP 方法对平稳性进行检验，结果见表 3-2。

表 3-2　1978～2012 年能源对城镇化尾效分析指标单位根检验

变量	检验方法	指标	$I(0)$	$I(1)$
ln Y	ADF		−1.015 72	−3.806 73***
	NP	MZa	−6 538.07***	
		MZt	−57.167 2***	
ln K	ADP		−0.413 49	−3.150 22**
	NP	MZa	−1.708 62	−10.718 5**
		MZt	−0.629 44	−2.312 35**
ln L	ADF		−2.946 69*	−4.890 66***
	NP	MZa	0.676 61	−16.241 2***
		MZt	0.881 18	−2.835 67***
ln E	ADF		−0.140 14	−2.683 42*
	NP	MZa	−2.420 08	−9.165 55**
		MZt	−0.790 19	−2.128 23**

注："*"为在 10%水平显著，"**"为在 5%水平显著，"***"为在 1%水平显著。

由表 3-2 中单位根检验结果可知，在 ADF 检验下，各变量的一阶差分在不同水平下显著；在 NP 检验下，Y 在 1%水平下显著，其他变量的一阶差分在 1%或 5%水平下显著。各变量均符合 $I(0)$或 $I(1)$，可以继续进行协整检验。

用自回归分布滞后模型（ARDL）的边限检验法对协整性进行检验。此方法可以有效修正解释变量为内生变量的情境。传统的协整检验方法只在大样本数据下适合，在小样本情况下得出的结论具有较大的不可靠性，而边限检验可用于小样本。Engle、Granger 和 Johansen 等传统检验方法要求时间序列必须是同阶单整，而 ARDL 不需要数据严格具有 $I(0)$或 $I(1)$单整性，从而解决了协整检验可能遇到的预检验问题。此方法可以同时估计变量间的长期和短期关系。用 Microfit 5.0 软件进行计算，检验结果见表 3-3。

表 3-3 1978～2012 年能源对城镇化尾效分析指标边限检验

ARDL(1,0,1,0) selected based on Schwarz Bayesian Criterion				
F-statistic	95% Lower Bound	95% Upper Bound	90% Lower Bound	90% Upper Bound
8.987 7	3.648 2	4.923 9	2.978 4	4.103 3
W-statistic	95% Lower Bound	95% Upper Bound	90% Lower Bound	90% Upper Bound
35.951 0	14.592 9	19.695 5	11.913 6	16.413 3
R-Squared	0.999 79	R-Bar-Squared	0.999 75	
S. E. of Regression	0.024 090	F-Stat. F(5,28)	26 409.2[.000]	
Mean of Dependent Variable	10.765 1	S. D. of Dependent Variable	1.524 0	
Residual Sum of Squares	0.016 249	Equation Log-likelihood	81.739 4	
Akaike Info. Criterion	75.739 4	Schwarz Bayesian Criterion	71.160 3	
DW-statistic	1.883 6	Durbin's h-statistic	0.349 98[.726]	

从表 3-3 中可见，F 值和 Wald 统计量的值分别为 8.988 和 35.951，在 5% 的显著性水平下大于上边限值，拒绝不存在协整关系的原假设，表明当经济产出为因变量时，变量间存在均衡关系，即经济增长、能源消费、劳动投入和资本资本在 1978～2012 年期间存在长期关系。

(3) 尾效估计

证实如式(3-14)表示的 Cobb-Douglas 生产函数存在协整关系后，对其系数进行估计。由于变量间存在多重共线性，因此采用偏最小二乘法(PLS)进行回归，回归结果见式(3-25)：

$$\ln Y = 6.842 + 0.428\ln K + 0.399\ln E(t) + 0.185(\ln A + \ln L) \quad (3\text{-}25)$$

由式(3-25)可知，能源对经济增长的弹性系数($\beta=0.399$)大于有效劳动($\gamma=0.185$)而小于资本($\alpha=0.428$)，表示其对经济增长的影响大于有效劳动而小于资本。能源消费变动 1%引致经济增长变动 0.399%。

据增长率的计算公式 $g_X=\sqrt[n]{X_0/X_n}-1$，可求出 g、n、b 的值分别为 0.152，0.019 和 0.052，进而带入公式(3-20)可以计算能源消费对经济增长的尾效：

$$\text{Drag}_E^Y = \frac{\dot{g}_Y^{bgp}}{L} - \frac{g_Y^{bgp}}{L} = \frac{\beta(b+n)}{1-\alpha} = 0.049\ 4 \quad (3\text{-}26)$$

据公式(3-26)知，能源对经济的尾效作用为 0.049 4，即由于一次能源约束的存在，中国经济增长减速 4.94%。接下来估计经济增长对城镇化的弹性系数，为避免异方差和自回归，用加权最小二乘法(WLS)对式(3-22)进行回归，得式(3-27)：

$$U = -35.652 + 6.390\ln Y(-144.986)(302.951) \tag{3-27}$$

式(3-27)通过了各项检验，有 $R^2 = 0.998$，城镇化对经济增长的弹性 d 为 6.390，将其带入式(3-28)，得：

$$\text{Drag}_E^U = \frac{d\beta(b+n)}{1-\alpha} = d\text{Drag}_E^Y = 0.316 \tag{3-28}$$

得到能源对城镇化的尾效作用为 0.316。表明由于能源约束的存在，中国城镇化增长率减速了 31.6%。1978 年至 2012 年，中国人口城镇化率由期初的 17.92%上升至期末的 52.57%，年均增长率为 3.12%，据上述计算可以推算出，如果不存在能源约束，此期间人口城镇化率的年均增长率可能达到 4.1%左右。

(4) 实证结论

上述实证分析证明，中国的能源的确对经济增长和能源消费存在尾效作用，由于能源的约束，中国经济增长和城镇化水平的增长率分别比不存在约束的条件降低 4.94%和 31.6%。尤其是在中国人口基数巨大和人均能源占有量小的情况下，这种约束不可忽视。

1978～2012 年间，生产过程中，经济增长、能源消费、有效劳动和资本存量之间存在着长期均衡关系。投入要素中，一次能源对经济产出的影响居第二位，弹性系数为 0.399，即产出每增加 1%，能源消耗增加约 2.5%，说明中国仍属于能源依赖型经济。一次能源对经济增长的尾效约为每年 5%。尽管这种约束可以部分被技术进步抵消，但仍是对经济长期可持续发展的隐患。

由于城镇化与能源消费间是正向的相关关系，能源消费对经济增长的约束就传导向了城镇化。在其约束下，城镇化的增长率每年降低 31.6%。虽然中国正经历着快速城镇化的进程，但由能源特别是不可再生的化石能源带来的约束不容小觑。

第4章

城镇化对能源消费的作用机制

本章分析城镇化对能源消费的作用机制。首先分别从城镇化对经济增长、人口迁移、产业结构变动和技术进步的影响机制入手，分析城镇化过程中这些因素对能源消费的影响。然后在此基础上根据指数分解方法将城镇化对能源消费的影响分解为生产和生活两个部分，并综合两部分中各个因素对能源消费的作用效应进行分析。

4.1 城镇化进程中经济增长对能源消费的作用

4.1.1 城镇化的经济增长对能源消费的作用机制

（1）城镇化与经济增长

城镇化与经济增长之间相互影响、相互促进。经济增长对城镇化的推动作用可以用图4-1表示。

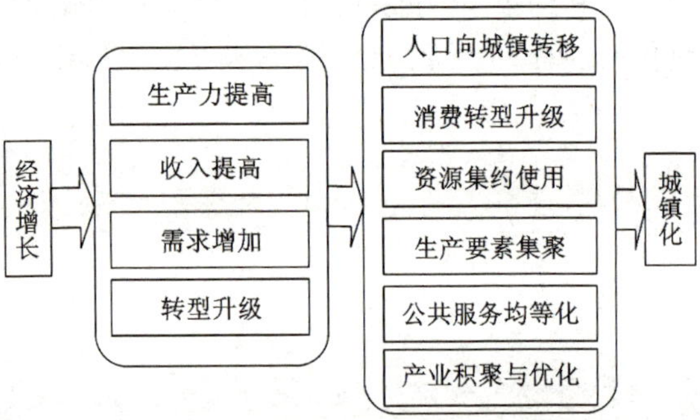

图4-1 经济增长对城镇化的影响

在微观层面，经济增长的作用表现为劳动生产率提高和资源的优化配置，其内生的生产、投资和消费方面的规模效应吸引人口向城镇集聚。经济增长首先提高居民的收入，农村人口有一定的经济基础进入消费更高的城镇区域。城镇化在促进收入提高的同时也增强了居民的消费能力，带动全社会在物质和文化等方面的有效需求。需求的增加促使政府在公共产品和公共服务领域加大投资力度，同时调动市场力量扩大生产以满足私人消费产品的需求。广泛、集中的需求为企业扩大生产、规模经营提供了条件，吸引各类要素向城镇集聚。在宏观层面表现为经济结构、产业结构、消费结构以及人口结构的转型和升级。经济增长在带动人口结构的转化、引导有效需求不断优化升级的同时改变了消费结构，进而影响到产业结构以及经济结构。经济增长还促进机制和体制的变革，有利于逐步破除阻碍城镇化发展的不合理因素，通过破除人口流动障碍、促进收入分配改革等手段的实施促使整体环境更有利于城镇化发展。可见，经济的内生增长是城镇化的内在要求和发展关键。

城镇化同时也促进经济的进一步增长，其作用机制如图 4-2 表示。

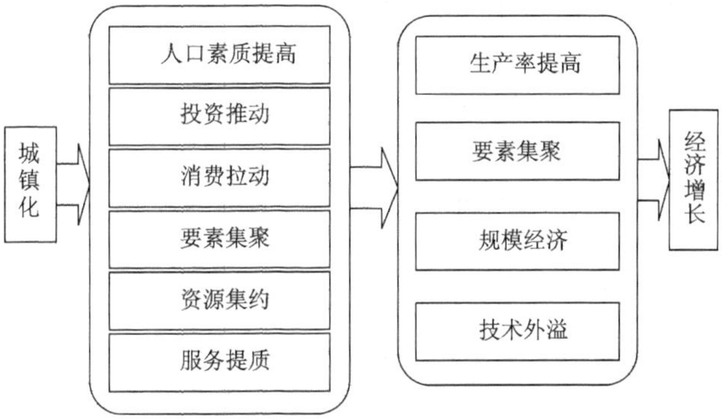

图 4-2　城镇化对经济增长的影响

城镇的生产力优势主要来源于外部性。城镇化带动经济发展，产生经济效率和消费两方面的优势。工业产业，比如化工、钢铁、汽车等产业在产量达到一定水平时才更有效率，因此，这些产业传统上都建在城镇区域内。会计、税务咨询、知识产权管理等专业化服务在大城市中更容易获得。投入生产商（input producers）的专业化也能降低成本，使得当地买方的投入效益更高。医院、剧院、体育场等公共服务需要一定量的消费者才能维持运营。城镇区域的人口密度的增加提高了这些福利设施的利用率。人们愿意花更高的生活成本集聚在城镇的原因为效率收益（efficiency gains）和消费得益（consumption benefits）。生产者与供应商的集中催生了创新。在东南亚国家，增长集聚在劳动密集型出口导向产业集中的大城市。可见，交通运输成本优势带来的区位效应可以带来其他的优势。城镇的规模经济还降低了交易成本。较高的城市密度帮助具有专业技术的求职者和有特定需求的企业降低了搜寻成本。生产者规模报酬不变且不存在技术外部性时仍存在上述效应。在密度大的城镇环境下运营有利于规避劳动力和产品需求波动带来的风险。在这种环境下可以缩短失业和需求震荡时间,降低库存成本。

在城镇化与经济增长之间实证研究方面,除了非洲、拉丁美洲和南亚等部分国家/地区阶段性出现的由于城镇化水平虚高引起的两者负相关的“U”型现象和少数地区由于城市过度拥挤、成本攀升而引起的倒“U”型现象,大多数国家和区域都表现出城镇化随经济增长阶段性加速的“S”型曲线。研究发现,美国城镇面积扩大一倍会导致生产率(城镇经济产业)增长3%~8%,城镇密度增加一倍导致生产率提高约5%。对欧洲的研究结果与此相似。在发展中国家,有限的交通条件和通讯设施使城镇相对于农村的优势更加明显,区位优势比发达国家具有更重要的意义。当发展中国家在一体化的全球市场中寻求竞争时,这种静态的优势对企业进入出口市场有所帮助。城镇提供静态和动态的生产力优势,农村发展并不能完全替代健康的城镇化。城镇化的集聚和其他效应带来的强大的规模效应超出了城镇的拥挤成本带来的不经济效应。研究发现,从经济角度看规模不足的成本远高于规模过大的成本。实际人均产出在超过最优城市规模后十分平滑,因此人口量低于在最优规模时的成本比高于最佳规模的成本高出将近2倍。

(2)经济增长对能源消费的影响机理

经济增长与能源消费具有双向的正向互动机制,城镇化从供给和需求两个方面同时影响经济发展并促进经济增长,而作为生活必需的消费品和生产的必要投入要素,能源消费必然受到经济增长的影响。据发达国家经验,经济增长与能源消费之间一般符合环境库兹尼茨曲线(EKC)的变化规律,即能源消费及其产生的环境污染随经济增长先大量增加随后逐步减少,两者间的变化趋势可以由图4-3来表示。

如图4-3所示,当经济发展水平较低时,能源消费量及污染程度较低;随着经济增长,人均收入增加,能源消费和污染由低到高,能源消耗程度随经济增长加剧;经济发展到一定水平后,人均收入进一步增加时,能源消耗和污染程度逐步减小。在城镇化初期,经济发展水平较低,产业和居民能源使用量较小,能源消费缓慢上升;当城镇化进入加速发展期,经济规模迅速扩大,在大量投资和消费快速膨胀的带动下往往整体能源消费明显提高;而在城镇化后期,随着增长方式的转变,对能源的依赖会逐步降低,能源的消费也随之逐步减少。

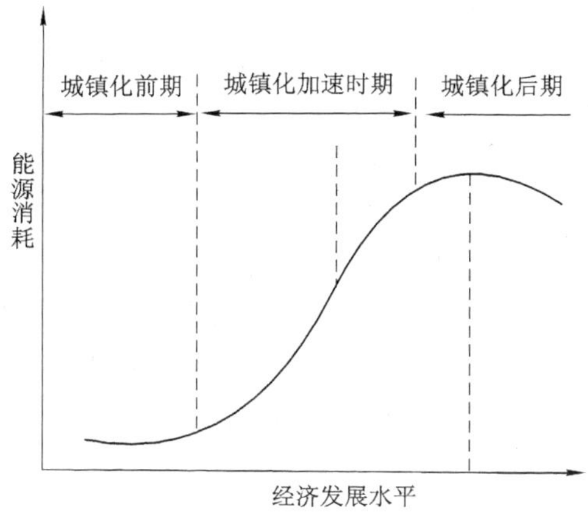

图 4-3　城镇化—经济水平—能源消费关系

4.1.2　经济增长与能源消费间的库兹尼茨曲线分析

(1) 环境库兹尼茨曲线的形式和状态分析

环境库兹尼茨曲线(Environmental Kuznets Curve，EKC)用来描述经济增长与环境压力(消费/碳排放/污染排放)之间的长期关系，最早由 Grossman 和 Krueger 提出。根据 EKC 假说，在经济发展起步阶段，随着国民收入由低水平向中等水平上升环境质量出现退化(能源消费、碳排放、污染排放增加)；而一旦经济发展超越了某一临界值点(也称为转折点)，人均收入的进一步提高反而有助于降低能源消费、碳排放和污染排放，有利于改善环境质量。以临界点为界，两种状态分别位于倒“U”型曲线的两侧，左侧为冲突区，右侧为协调区。EKC 的曲线形式可以由图 4-4 表示。

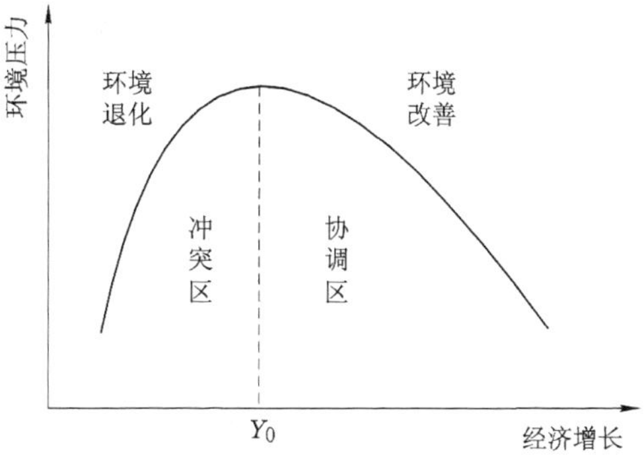

图 4-4　EKC

对于 EKC 模型，其被解释变量为环境影响变量，如能源消费、碳排放或污染排放等，解释变量为经济增长水平的多项式。对于模型的形式，已有的研究多用二次多项式（包括经济增长的平方项，称为 EKC 的二次形式）或三次多项式（包括经济增长的三次方，称为 EKC 的三次形式）对 EKC 进行刻画。据 Selden 和 Song 等人的研究，通用的简化模型形式可以表示为式(4-1)所示的形式。

$$\ln y_t = \beta_0 + \beta_1(\ln x_t) + \beta_2(\ln x_t)^2 + \beta_3(\ln x_t)^3 + \varepsilon_t \quad (4\text{-}1)$$

上式中，y_t 表示第 t 年的环境影响（能源消费、碳排放、污染排放等），x_t 为第 t 年的经济增长情况，β_0 为截距项，ε_t 代表随机误差项，β_1、β_2 和 β_3 为待估参数。β_1、β_2 和 β_3 的取值会影响导致曲线表现出不同的形状，具体可以分为 7 种情况（见表 4-1）。

表 4-1　　不同参数取值下 EKC 曲线特征

β_1	β_2	β_3	x 与 y 关系
等于 0	等于 0	等于 0	无关
大于 0	等于 0	等于 0	y 随 x 单调递增
小于 0	等于 0	等于 0	y 随 x 单调递减
小于 0	大于 0	等于 0	倒“U”型关系
大于 0	小于 0	等于 0	“U”型关系
小于 0	大于 0	小于 0	倒“N”型关系
大于 0	小于 0	大于 0	“N”型关系

当 β_3 为 0 而 β_1 和 β_2 不为 0 时，即为 EKC 的二次形式，当都不为 0 时即为 EKC 的三次形式，相比而言三次形式较为灵活，得到的结果既允许是单调线性的，也可以是倒“U”型或者“N”型的。

(2) 中国经济增长与能源消费 EKC 分析

为研究新中国成立以来我国经济增长与能源消费间的变化趋势是否符合 EKC 的描述，取 1953 年至 2012 年中国人均能源消费和人均经济产出的时间序列数据进行分析。人均能源消费（PEC）单位为千克标准煤/人，人均经济产出（$PGDP$）用人均 GDP 表示，单位为元/人，以 1952 年不变价表示。为减少数据波动，消除数据中存在的异方差，因此对变量进行自然对数变换，变换后的数据不改变原有的协整关系。将式(4-1)具体化为式(4-2)：

$$\ln PEC_t = \beta_0 + \beta_1(\ln PGDP_t) + \beta_2(\ln PGDP_t)^2 + \beta_3(\ln PGDP_t)^3 + \varepsilon_t \quad (4\text{-}2)$$

由于选用的人均能源消费和人均经济产出都是时间序列数据，所以需要先对数据平稳性检验进行检验。分别对 $\ln PEC$，$\ln PGDP$，$(\ln PGDP)^2$ 和 $(\ln PGDP)^3$ 及其对应的一次差分项进行 ADF 单位根检验，结果见表 4-2。

表 4-2　　人均能源消费及产出 ADF 单位根检验

变量	t 值	P 值	平稳性
$\ln PEC$	−1.469 2	0.541 9	不平稳
$\Delta\ln PEC$	−4.376 7	0.000 9	平稳
$\ln PGDP$	1.838 3	0.999 7	不平稳
$\Delta\ln PGDP$	−5.462 9	0.000 0	平稳
$(\ln PGDP)^2$	3.015 7	1.000 0	不平稳
$(\Delta\ln PGDP)^2$	−4.449 0	0.000 7	平稳
$(\ln PGDP)^3$	3.943 7	1.000 0	不平稳
$(\Delta\ln PGDP)^3$	−3.522 2	0.010 7	平稳

ADF 检验结果发现 $\ln PEC$，$\ln PGDP$ ，$(\ln PGDP)^2$ 和 $(\ln PGDP)^3$ 的原序列不平稳而其对应的一次差分均平稳，因此可以进行协整检验。对变量进行 Johansen 协整检验，结果见表 4-3。

表 4-3　　人均能源消费及产出 Johansen 协整检验

协整个数	特征值	迹检验	关键值	P 值
None*	0.393 833	61.924 06	47.856 13	0.001 4
At most 1*	0.300 789	32.889 23	29.797 07	0.021 3
At most 2	0.180 158	12.136 64	15.494 71	0.150 5
At most 3	0.010 552	0.615 271	3.841 466	0.432 8

Johansen 协整检验结果表明在 5% 的显著性水平下，至少存在 2 个协整关系，即可以对式(4-2)进行回归。回归结果由表 4-4 表示。

表 4-4　　人均能源消费及产出回归结果

变量	系数	标准误差	t 值	P 值
C	−46.749 47	5.944 668	−7.864 101	0
$\ln PGDP$	22.389 04	2.737 932	8.177 356	0
$(\ln PGDP)^2$	−3.154 509	0.414 128	−7.617 227	0
$(\ln PGDP)^3$	0.150 097	0.020 584	7.292 101	0
R-squared	0.961 388	Mean dependent var		6.411 16
Adjusted R-squared	0.959 319	S. D. dependent var		0.833 22

续表 4-4

S. E. of regression	0.168 057	Akaike info criterion	−0.664 69
Sum squared resid	1.581 608	Schwarz criterion	−0.525 07
Log likelihood	23.940 76	Hannan-Quinn criterion	−0.610 08
F-statistic	464.770 1	Durbin-Watson statistic	0.261 16
Prob(F-statistic)	0		

由回归结果发现，各变量的系数均显著，且方程整体拟合效果好（$R^2 = 0.959$）。检验结果表明，人均 GDP 对人均能源消费的拟合结果可信，具有解释力度。据回归结果，可将式(4-2)表示为式(4-3)，并绘制中国经济增长与能源消费的库兹尼茨曲线（见图 4-5）。

$$\ln PEC_t = -46.749 + 22.389(\ln PGDP_t) - 3.154(\ln PGDP_t)^2 + 0.150(\ln PGDP_t)^3 \tag{4-3}$$

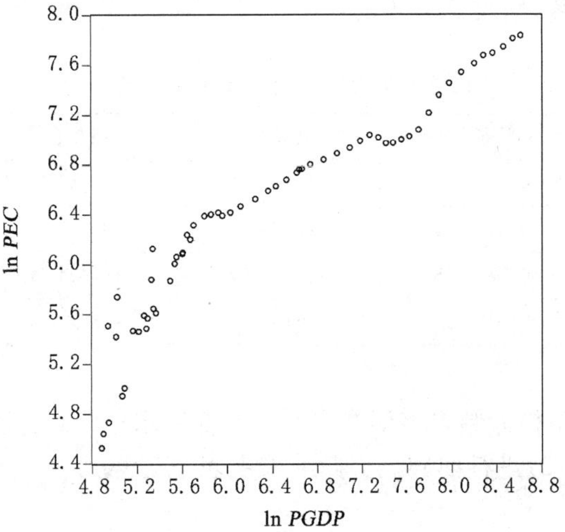

图 4-5 人均能源消费与人均经济增长 EKC

从 EKC 方程和曲线图可以看出，中国能源消费随经济增长呈现“N”型的发展趋势，即能源消耗和经济增长呈先倒“U”型后正“U”型变化。在新中国成立后，中国的能源消费随着经济增长表现为增加—下降—增加的过程：在 ln *PGDP*值为 5.9 左右时（1978～1980 年）有出现倒“U”型拐点的趋势，但随后 ln *PEC* 没有下降而是继续上升；ln *PGDP* 值为 7.3 左右时（1998 年左右）ln *PEC*随人均经济增长上升而小幅下降，但随后曲线向下凸，人均能源消费增长速度超过了人均经济增长的增速；至 ln $PGDP$ 值为 7.9 左右时(2004 年左右)曲线形状改为向下凹，此时开始中国人均能源消费的增长速度低于了人均经济增长的增速，有出现拐点的趋势。

整体的变化说明中国能源消费增长与经济增长基本上是同向的，虽然 2004 年以后有出现新拐点的迹象，但整体仍处于 EKC 曲线的“冲突区”。从模型的估计结果来看，按照目前的发展趋势，在未来一段时间内中国能源消费伴随着经济增长而增长，能源需求总量仍将继续上升。若要能源消费总量的拐点尽早出现，需要对增长方式和能源消费模式进行变革。

4.2　城镇化进程中人口因素对能源消费的作用

城镇化首先是人口由农村向城镇转移和集聚的过程，在此过程中，城镇空间范围内人口的总量、结构都发生了巨大的变化。据《中国新型城镇化健康发展报告(2014)》估算，中国平均每两秒钟就会增加一名新市民；每一分钟就会有约 30 人走入城市“落地生根”；每天新增近 5 万市民分享城市的生产空间、就业机会、公共服务；每年中国城镇人口以一两千万的数量成长。庞大的人群进入城镇后逐步融入城市生活，包括能源消费在内的生活方式和消费模式在潜移默化中逐渐向原有市民靠近。

4.2.1　居民生活直接能源消费

在人口转移的过程中，居民生活方式的转变对能源消费模式产生了显著的影响。将居民生活能源消费分为居民生活直接能源消费和间接能源消费两类，其中居民生活直接能源消费指居民生活中直接购买和消费的能源产品，通常界定为家庭用能，即家庭炊事、照明、室温调节、家用电器使用引起的能源消费，其主要载体包括煤炭、电力、油品、天然气。居民生活直接能源消费的城乡差异可由表 4-5 表示。

表 4-5　　1991～2012 年城乡居民生活直接能源消费情况

年份	城镇居民生活直接能源消费/万吨标煤	城镇人均生活直接能耗/千克标煤	农村居民生活直接能源消费/万吨标煤	农村人均生活直接能耗/千克标煤	总居民生活直接能源消费/万吨标煤	城乡人均生活直接消费比
1991	8 050.87	292	6 428.27	83	14 479.14	3.51
1992	7 433.67	267	6 448.77	85	13 882.44	3.15

续表 4-5

年份	城镇居民生活直接能源消费/万吨标煤	城镇人均生活直接能耗/千克标煤	农村居民生活直接能源消费/万吨标煤	农村人均生活直接能耗/千克标煤	总居民生活直接能源消费/万吨标煤	城乡人均生活直接消费比
1993	7 019.27	258	6 235.55	86	13 254.83	3.01
1994	6 724.14	238	6 355.52	86	13 097.66	2.76
1995	6 743.92	242	6 162.19	86	12 906.12	2.83
1996	6 375.27	238	5 170.07	71	11 545.34	3.38
1997	6 845.89	226	5 794.68	71	12 640.57	3.19
1998	6 076.74	218	4 511.55	71	10 588.29	3.05
1999	6 259.02	213	4 376.01	75	10 635.03	2.86
2000	6 500.76	210	4 185.19	76	10 685.95	2.74
2001	6 745.85	207	4 331.06	80	11 076.91	2.58
2002	7 454.42	210	4 834.49	87	12 288.91	2.42
2003	8 462.01	232	5 569.26	102	14 031.27	2.28
2004	8 994.90	256	6 050.52	119	15 045.43	2.15
2005	9 642.53	279	6 689.53	132	16 332.06	2.11
2006	10 614.26	298	6 740.49	145	17 354.75	2.05
2007	11 458.13	320	6 729.93	163	18 188.06	1.96
2008	13 430.43	319	8 424.92	173	21 855.35	1.84
2009	14 040.16	325	9 073.44	190	23 113.59	1.71
2010	14 827.22	315	9 646.96	204	24 474.18	1.55
2011	16 022.15	327	10 471.66	228	26 493.81	1.43
2012	17 021.03	339	10 799.13	246	27 820.16	1.38

数据来源:《中国能源统计年鉴》及计算。

从表 4-5 中可见,在生活直接能源消耗方面,城镇和农村居民人均消费都经历了先减后增的过程,在 1991~2001 年期间,居民的人均直接能源消费量波动减少;2002 年开始,消费水平持续上升,尤其是农村人均能源消费水平,至 2012 年底,已经比 2002 年的水平增加了约 2 倍。城镇居民人均消费量从 1991 年农村居民的 3.51 倍下降到 2012 年的 1.38 倍,用能水平明显高于农村居民,但城乡之间的差异在逐步减小。

差异还体现在能源消费结构上,取煤、油品、天然气、热力和电力五种主要的居民生活用能来源，其各自在城镇和农村居民直接能源消费中所占的比重见图 4-6 和 4-7。

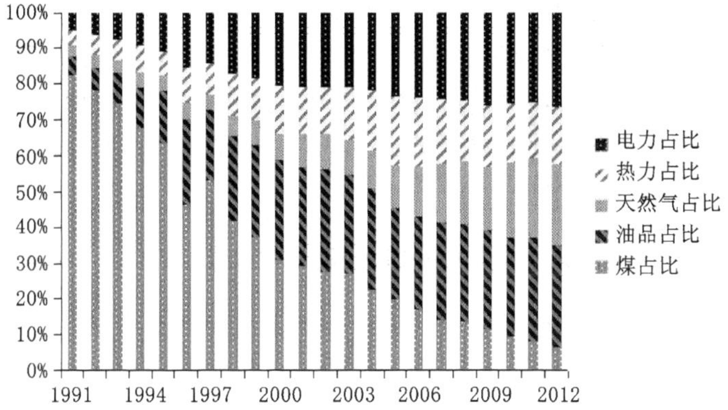

图 4-6　城镇居民生活直接能源消费结构

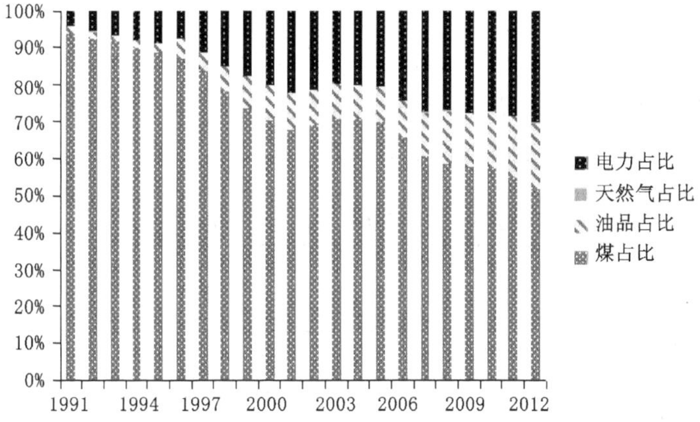

图 4-7　农村居民生活直接能源消费结构

对城镇居民，直接生活能源消费中煤的比重由 1991 年的 80.78%下降到了 2012 年的 6.23%。从 2002 年开始，油品代替煤成为城镇居民生活直接消费的主要能源产品，至 2012 年末占总量的 28.19%。电力和天然气的消费比重稳步上升，至 2012 年底，分别在城镇居民生活直接能源消费中占第二(25.70%)和第三位(21.96%)。

农村居民生活直接用能以煤炭为主，虽然煤所占的比重从 1991 年的 93.54%下降到了 2012 年的 51.78%，但仍是农村居民生活直接能源消费的主体。电力和油品消费总体上呈上升趋势，分别从 1991 年的不足 5%和不足 2%

上升至2012年末的30.27%和17.59%。农村居民的生活直接能源消费中很少用到天然气,至2012年天然气的消费比重不足1%。

从上面的数据可以看出,城镇居民在生活直接用能方面人均消费量大于乡村居民,但两者的差距在逐渐减小。城镇居民直接生活能源消费结构较农村有所优化,低效率高排放的煤比重明显减少;同时城镇能源供应网络和用能设备往往效率更高,也从一定程度上减少了输送和使用时的浪费,使得城镇居民在生活直接能源消费方面效率更高。

4.2.2 居民生活间接能源消费——基于投入产出法

除了直接消费,居民生活能源消费还包括间接能源消费,是指隐含在居民使用的非能源产品及服务中所消耗的能源,包括非能源产品在生产过程中所消耗的原材料、辅助材料、机器设备等所消耗的能源之和。

以居民购买电视机为例:电视的生产过程需要使用机器设备、塑料外壳、电子元件、电力等,产生能源消费;而生产机器设备、塑料、电子配件也涉及设备、化工用品、电力等的使用,再次产生能源消费。这个路径可以按照生产、流通的环节一直追索下去,可以推知消费者购买一台电视机会引起多次能源的间接消费。城乡居民在产品和服务的使用和消费的数量和种类方面存在显著差异,例如,家庭主要耐用消费品城乡之间的拥有量就有明显区别,见表4-6。

表4-6 2012年末城乡平均每百户主要耐用品拥有量

耐用品	城镇	农村	耐用品	城镇	农村
洗衣机	98.02	67.22	彩色电视	136.07	116.9
冰箱	98.48	67.32	照相机	46.42	5.18
空调	126.81	25.36	计算机	87.03	21.36
移动电话	212.64	197.8	汽车	21.54	6.59

表4-6体现了城乡居民在产品的占有和消费上的差异,两者在服务消费上同样存在明显不同,可以推知两者生活间接能源消费差异也十分明显。

(1) 产业关联法与居民生活间接能源消费

产业关联理论又称为投入产出理论,通过研究产业之间的中间投入和中间产出之间的关系,反映各产业的中间投入和中间需求,其创立以美国经济学家教授里昂惕夫提出的(W. Leontief)的投入产出表为代表。对居民生活间接能源消费可以通过产业关联法,利用投入产出表的信息结合里昂惕夫逆矩阵进行计算。里昂惕夫逆矩阵又称为完全需要系数矩阵,反映的是对各部门直接和间接的诱发效果，其经济意义为，当增加某一部门单位最终需求时，所需国民经济各个部门提供的生产额。

用产业关联法研究居民间接能源消费的思路为：用能源消费强度来测度各产业产出对能源消费的需求，再通过各产业间的投入产出关系推导出整体的能源需求，最后通过居民消费与总产出的关系得到居民的间接能源消费，公式为：

$$\boldsymbol{RE}_{\text{ind}} = \boldsymbol{EI}_i \times \boldsymbol{C} \times \boldsymbol{EP}_i \tag{4-4}$$

即

$$\boldsymbol{RE}_{\text{ind}} = (ei_1 \cdots ei_i \cdots ei_n) \begin{pmatrix} c_{11} & \cdots\cdots c_{1n} & \\ \vdots & \ddots & c_{n1} \end{pmatrix} \begin{pmatrix} ep_1 \\ \vdots \\ ep_i \\ \vdots \\ ep_n \end{pmatrix} \tag{4-5}$$

式(4-4)中 $\boldsymbol{RE}_{\text{ind}}$ 表示居民生活间接能源消费；$\boldsymbol{EI}_i$ 为 ei_i 组成的 $1\times n$ 系数矩阵，其中 ei_i 为产业 i 的能源强度，用产业的能源消费量除以产业的产出值得到；$\boldsymbol{C}$ 是 $n\times n$ 阶的里昂惕夫逆矩阵；$\boldsymbol{EP}_i$ 是 ep_i 组成的列向量，其中 ep_i 是居民在 i 产业的支出。具体计算步骤如下：

第一步，计算出各产业类别的总产出、总投入、居民消费值(ep_i)和对应的能源消费量以及各产业间的投入产出流量，并求出个产业的能源消费强度(ei_i)。

第二步，根据上一步确定的产业间投入产出流量和总投入，得出各产业的直耗系数。再根据直耗系数表(矩阵 **A**)求出相应的里昂惕夫逆矩阵，转换方法见式(4-6)：

$$\boldsymbol{C} = (C_{ij})_{m\times n} = (\boldsymbol{I} - \boldsymbol{A})^{-1} \tag{4-6}$$

第三步，将产业能源强度行向量、里昂惕夫逆矩阵和居民消费量列向量带入式(4-6)，即得到居民生活间接能源消费。

(2) 居民生活间接能源消费的计算

各产业能源的消费情况来源于《中国能源统计年鉴》，各产业之间的关联关系及居民消费在总体产出中的使用情况来源于《投入产出表》中的流量表。由于《投入产出表》和《中国能源统计年鉴》中对产业的分类不同，在计算时首先对两种统计口径进行统一，即重新分类组合出一致的产业类别。

以2010年为例，《2010年投入产出表》中共包括41个产业，其中第二产业中含24个子项，第三产业含16个；而《中国能源统计年鉴》中共含43个产业，其中第二产业包括39个子项，第三产业3个。对比两种统计口径下的产业，找出实际描述内容相同的类别并重新组合，经归类后共得到28个产业。对新产生的28个产业的相应能源、投入产出数据进行归类整理，整理后其能源强度、农村和居民消费支出的数据见表4-7。

表 4-7　　　　2010 年 28 个产业能源强度及居民消费情况

序号	产业	能源强度/吨标煤·元$^{-1}$	农村居民消费支出/万元	城镇居民消费支出/万元
1	农、林、牧、渔、水利业	0.000 009 3	57 424 947.62	64 277 434.63
2	煤炭开采和洗选业	0.000 052 4	839 009.126 1	526 877.713 9
3	石油和天然气开采业	0.000 034 8	0	0
4	黑色金属矿采选业	0.000 022 2	0	0
5	非金属矿采选业	0.000 023	0	0
6	农副食品加工业	0.000 008 2	77 371 622.47	201 436 073.7
7	纺织业	0.000 019	2 066 567.393	3 060 677.647
8	纺织服装、鞋、帽制造业	0.000 004 7	15 738 052.28	67 104 864.77
9	木材加工及木、竹、藤、棕、草制品业	0.000 008 3	1 457 235.204	5 888 990.786
10	造纸及纸制品业	0.000 021 9	882 933.241 8	6 795 177.305
11	石油加工、炼焦及核燃料加工业	0.000 053 2	1 265 143.657	12 467 080.73
12	化学原料及化学制品制造业	0.000 040 5	7 851 246.148	25 606 020.49
13	非金属矿物制品业	0.000 068 6	293 452.056 8	2 801 553.325
14	黑色金属冶炼及压延加工业	0.000 085 7	0	0
15	金属制品业	0.000 014 8	787 098.537 3	4 077 387.944
16	通用设备制造业	0.000 007 7	55 641.606 9	853 322.868 3
17	交通运输设备制造业	0.000 006 4	7 389 802.943	39 527 694.68
18	电气机械及器材制造业	0.000 004 6	6 886 712.966	25 532 081.52
19	通信设备、计算机及其他电子设备制造业	0.000 004 5	4 955 179.412	20 118 755.36
20	仪器仪表及文化、办公用机械制造业	0.000 004 9	517 482.522	2 784 741.692
21	工艺品及其他制造业	0.000 011 6	4 564 998.609	19 395 621.29
22	电力、热力的生产和供应业	0.000 051 6	5 924 181.063	21 768 347.47
23	燃气生产和供应业	0.000 029	1 077 410.429	8 742 813.353
24	水的生产和供应业	0.000 055 7	618 070.099 1	8 425 890.778
25	建筑业	0.000 005 2	0	12 483 648.14
26	交通运输、仓储和邮政业	0.000 039 4	15 042 863.35	60 781 475.76
27	批发、零售业和住宿、餐饮业	0.000 010 6	38 590 033.91	126 138 434.8
28	其他行业	0.000 007 8	74 152 426.72	380 797 125.4

之后，根据 28 个产业间的投入产出流量和总投入量求出新的直接排放系数

矩阵，并据式(4-4)得出里昂惕夫逆矩阵 **C**。将得到的能源强度、**C** 和农村与城镇居民的消费支出值带入公式(4-5)，即得到 2010 年农村和城镇居民各自生活间接能源消费量，分别为 17 860.56 万吨标准煤和 65 872.11 万吨标准煤，可知城乡之间的能源消费量比例为 3.688∶1，总体居民生活间接能源消费为83 732.67万吨标准煤。

(3) 1995～2010 年城乡居民间接能源消费计算及分析

按照同样的方法对 1995 年、2000 年和 2005 年的数据进行计算。计算出的各年城乡居民生活间接能源消费情况见表 4-8。

表 4-8　　1995～2010 年中国城乡居民生活间接能源消费情况

年份	农村居民生活间接能源消费/万吨标准煤	城镇居民生活间接能源消费/万吨标准煤	城乡居民生活间接能源消费比	居民生活间接总能源消费/万吨标准煤
1995	24 259.63	26 013.53	1.072	50 273.16
2000	23 615.76	32 240.16	1.365	55 855.92
2005	17 961.38	53 289.31	2.967	71 250.69
2010	17 860.56	65 872.11	3.688	83 732.67

从表 4-8 中可知，在 1995 年至 2010 年期间，农村居民生活间接能源消费呈缓慢下降趋势，城镇居民生活间接能源消费快速呈上升趋势，总居民生活间接能源消费变化趋势与城镇居民生活间接能源消费变化趋势基本相同，城乡之间居民间接能源消费的差异在逐步扩大。

结合城乡人口数据，分别求出城镇和农村人均生活间接消费量，并将居民生活直接和间接能源消费情况进行对比，得到表 4-9。

表 4-9　　居民生活直接、间接能源消费情况汇总

年份	1995	2000	2005	2010
居民生活间接能源消费	50 273.16	55 855.92	71 250.69	83 732.67
居民生活直接能源消费	12 906.12	10 685.95	16 332.06	24 474.18
农村人均生活直接能源消费	85.53	76.37	131.96	203.62
城镇人均生活直接能源消费	242.43	209.57	278.6	314.96
农村人均生活间接能源消费	282.26	292.14	240.95	266.13
城镇人均生活间接能源消费	739.57	702.31	948.01	983.49
农村人均生活总能源消费	367.79	368.51	372.91	469.74

续表 4-9

年份	1995	2000	2005	2010
城镇人均生活总能源消费	982	911.88	1 226.61	1 298.45
城乡人均生活总能源消费比	2.67	2.47	3.29	2.76

对比居民生活直接和间接的能源消费情况发现，在 1995 至 2010 年间居民生活间接消费的能源总量和人均值都明显大于相应的生活直接消耗的能源量。城镇居民无论在生活直接能源消费还是在间接能源消费上都高于农村居民，在直接消费方面，两者的差异在逐渐减少，而间接消费方面两者差异在波动中上升。从人均消费总量上看，城镇居民生活能耗明显高于农村居民，在 2010 年，城镇居民是农村居民的 2.76 倍。即按照 2010 年的水平在城镇化进程中，每个农村居民进入城镇后就会比之前多消费 1.76 倍的能源。

4.3 城镇化进程中产业结构因素对能源消费的作用

4.3.1 城镇化产业结构因素对能源消费的影响机制

(1) 城镇化与产业结构演进

产业结构演进简言之就是各产业直接产出比例变化表现出的一般性规律。英国学者克拉克在 20 世纪 40 年代提出，随着社会和经济的发展，各产业对经济增长的作用由第一产业占主导地位向第二产业占主导地位再向第三产业占主导地位发展。库兹尼茨提出的“库兹尼茨法则”、钱纳里的“标准产业结构”理论、霍夫曼提出的“霍夫曼定理”和小岛清的“雁行理论”等从不同的角度对产业结构的发展规律进行了总结。

城镇化是产业结构演进的过程，产业的升级与变迁是区域城镇化发展程度的重要表现之一。从城镇产生、发展的过程和规律中不难看出产业结构演进与城镇化直接的密切关系：农业的发展使人类获得稳定的食物来源，在人口规模提高的同时，一部分人从农业生产中解放出来，开始了社会分工，伴随部分村落的扩张而形成了城镇的雏形；工业的发展带动了生产力的提高，生活和生产进一步集聚推动了城镇的发展和壮大；城镇化过程促进生活水平的提高，分工日益细化、需求愈发多元化，从而带动了第三产业的发展，第三产业的发展又同时促进城镇经济发展、增强城镇的各方面吸纳能力，进而促进城镇化的发展。

(2) 产业结构演进对能源消费的影响机制

在产业结构演进的过程中，由于三次产业的技术特点、生产效率以及生产所需投入的要素组合比例差异明显，因此在产业结构演进时会引起生产要素资源配置的变化。作为重要的投入要素，能源的消费总量和结构相应会产生明显变化。不同的产业对能源的需求和依赖程度不同，所需的能源种类也存在差异，以 2012 年为例，中国不同产业的能源消费情况见表 4-10。

表 4-10　　2012 年分产业能源消费情况

	能源消费总量（热当量计算法）	煤炭消费	油品消费	天然气消费	电力消费
第一产业	4 855.68	1 297.91	2 245.25	8.37	1 244.45
第二产业	172 264.61	49 175.52	21 003.93	6 518.33	40 970.01
第三产业	50 382.32	4 378.55	34 857.34	2 500.47	7 741.35

数据来源：整理自《中国能源统计年鉴 2013》，单位：万吨标准煤。

表 4-10 显示出在 2012 年中国三次产业能源消费比约为 1∶35∶10，第二产业对能源消费的需求最大，第三产业次之，第一产业能源消费的需求最小，非农产业的能源消费远高于农业，非农产业内部服务业的能源消耗又明显低于工业。在化石能源的消费结构方面，三次产业也存在较大差异：第一产业和第三产业消耗以油品为主，而第二产业以煤为主，占比超过六成；第一产业天然气消耗比重极小，非农产业天然气消费比重有所增加。由此可知，在城镇化进程中，产业由农业向非农产业集聚，增加了能源消费的规模。而在非农产业内部，城镇化过程中经济结构逐步由附加值较低的资源密集型、能源密集型制造业向附加值较高的技术密集型、知识密集型服务业转换，这种转变有利于能源消费总量减小，在降低能源强度的同时优化能源消费结构。

产业结构演进即为农业向非农产业转移，同时在非农产业内部由第二产业向第三产业转移的过程。这个过程伴随着产品产出结构、市场供需状况、生产技术情况和组织结构的全方位调整。产业结构演进对能源消费的影响机制可以用图 4-8 来描述。

从图 4-8 可以看出，在产业结构演进的过程中，由于各产业具有不同的投入、产出、技术等特点，产业结构的调整必然带来投入要素、生产规模、产业内部结构以及整体增长方式的变化。这些因素的改变从不同的角度影响能源消费的总量、结构和效率，例如知识密集型的现代服务业的能源消费强度和总量都大大小于资源密集型的传统制造业。

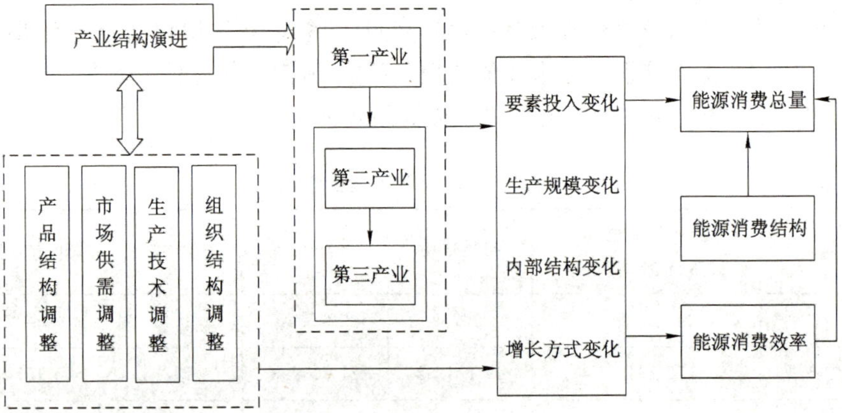

图 4-8 产业结构演进对能源消费的影响机制

4.3.2 产业结构演进—能源消费关联分析

(1) 产业结构演进—能源消费关联模型

结构演进—能源消费关联模型由中国科学院地理科学与资源研究所张雷研究员在 2003 年提出，该模型建立在区域产业结构演进与能源消费总量变化相关分析上，通过刻画产业结构演进与能源消费总量变化的运动轨迹，从整体上揭示区域社会经济发展过程中产业结构变化对能源消费变化影响的基本特征。模型可以表示为如式(4-7)的形式。

$$EE = EC/ESP \tag{4-7}$$

其中 EC 为区域能源消费总量；ESD 的为区域产业多元化演进结构，计算公式见式(4-8)。

$$ESP = \sum(P/P, S/P, T/P) \tag{4-8}$$

式(4-8)中的 P、S、T 分别代表第一产业、第二产业和第三产业的产出。ESP 的取值范围为 1 到正无穷：1 为基点，以此评价和衡量随后的产业结构演进状态和趋势，表示只有农业的状态，即工业化之初的结构演进状态；值越大，说明区域的第二和第三产业发展越成熟，整体产业结构越先进。

从结构演进—能源消费关联模型还可以演化出结构演进—单位能耗关联模型，用于描述区域社会经济发展过程中产业结构变化对单位能源产值（能源强度）变化影响的基本特征，表达式为：

$$EEI = EI/ESP \tag{4-9}$$

其中，EI 为能源强度，为能源消费总量与经济产出的比值。各国的经验数据表明，在工业化和城镇化之初，国家受到生产技术和要素投入规模的限制，与生活温饱不直接相关的生产能力和产出能力有限，国民经济产出的一半以上依赖于农业，此时国家的经济结构多元化系数均小于 2。工业化和城镇化加速发展后，各国国民经济增长和要素投入情况发生了重大变化，随着人类利用自然、改造自然能力的快速增强，产品和服务日益多元化，产业结构随之向多元化发展。已有研究发现，工业革命后至 2000 年，一百多年的时间内发达国家经济结构多元化系数已经增长了数十倍，英国、美国和德国的产业结构多元化系数均超过了 50。而产业结构演进对能源消费增长整体影响力十分明显，据英国、美国、法国和德国等 4 个发达国家经验，产业结构多元化程度系数每升高 3 至 15，能源消费相应增加 1 亿吨标准煤。

(2) 中国产业结构演进—能源消费关联实证

取 1953 年至 2012 年的数据对中国产业结构演进与能源消费的关联进行研究。1953 年至 2008 年的数据来源于《新中国 60 年统计资料汇编》，2009 至 2012 年的数据来源于《中国统计年鉴 2013》和《中国能源统计年鉴 2013》。能源消费取标准量，单位为万吨标准煤；总产出值和各产业产出用 1952 年不变价计算，单位为亿元。按式(4-7)和式(4-8)，可以计算出中国产业结构演进—能源消费关联(图 4-9)和中国产业结构演进—能源强度关联(图 4-10)。

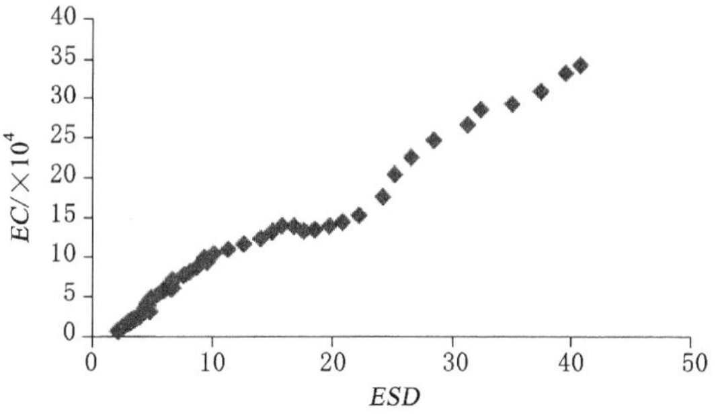

图 4-9　1953～2012 年中国产业结构演进—能源消费关联

从图 4-10 可以看出，在 1953 年至 2012 年期间，中国的产业结构演进(ESD)与能源消费(EC)具有明显的正向关联；产业结构演进(ESD)与能源强度(EI)关系在前期波动较大，当产业结构演进到一定程度(ESD 稳定大于 4)以后，两者有明显的负向相关。根据中国城镇化发展产业结构演进的不同阶段特征，将 1953 至 2012 划分为 3 个时间阶段。

第一阶段为 1953～1969 年，这 16 年间除特殊时期(大跃进)外，按当年价计

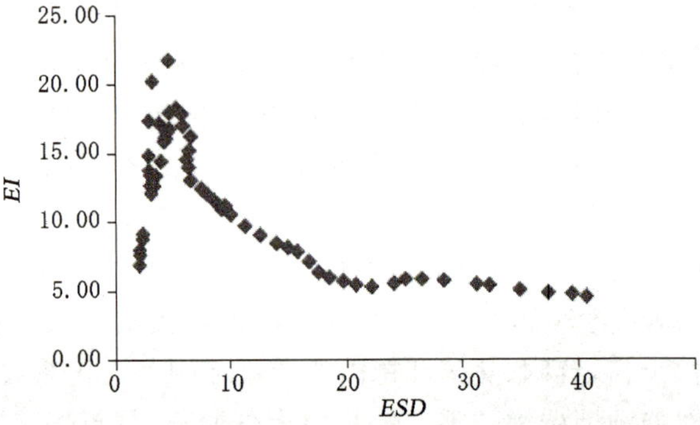

图 4-10　1953～2012 年中国产业结构演进—能源强度关联

算农业的生产总值在三次产业中最高，城镇工业和服务业逐步增长，但产值未超过第一产业。在此阶段，受到自然灾害等的影响，城镇化发展缓慢，甚至出现了负增长的现象。此期间产业结构演进与能源消费总量和能源强度的关联可以由图 4-11 和 4-12 表示。

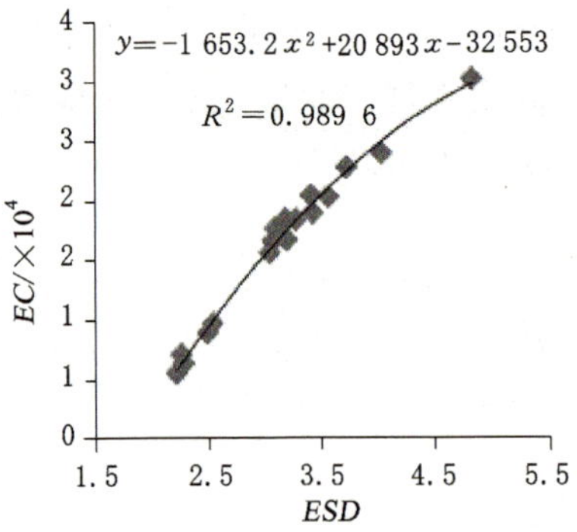

图 4-11　*EC* 与 *ESD* 的关联

(1953～1969 年)

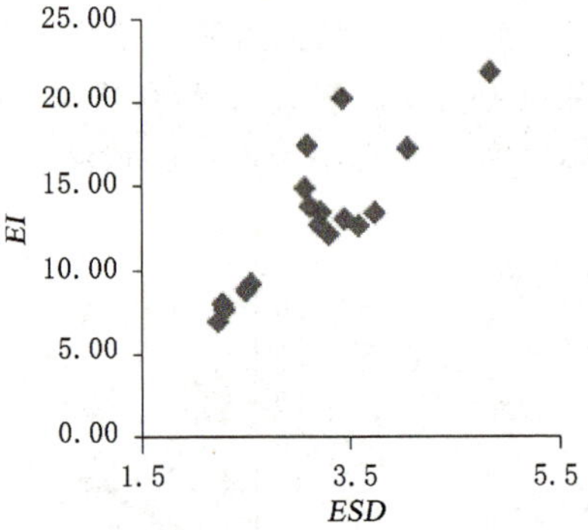

图 4-12　*EI* 与 *ESD* 的关联

(1953～1969 年)

在 1953 至 1969 年期间，产业结构演进系数(*ESD*)在 2 到 5 之间，变化幅度较小，出现先升后降的趋势，能源消费总量(*EC*)在 5 000 到 31 000 万吨标准煤之间，变化与 *ESD* 大体相同，由 $R^2=0.989$ 可知两者存在着显著的关联关系。除了 1958 年至 1960 年间工业反常地快速增加，整体上农业仍为经济产出的主体，能源消费总量随着非农产业比重的提高而增加。此期间能源强度(*EI*)在 6 到 22 之间，先升高后减小，与 *ESD* 之前没有显示出明显的规律，可能的原因是特殊时期不求效率的盲目生产使得能源出现极大浪费、能源利用效率低下。

第二阶段为 1970～1999 年，这 30 年间第二产业的产值按当年价计算农业的生产总值在三次产业中最高，城镇工业稳步发展，除了 1970 年至 1976 年期间出现了“逆城镇化”的现象，城镇化进程一直处于快速发展状态。在第三产业逐步增长的同时第一产业的产出份额有所下降。在此阶段，产业结构演进与能源消费总量和能源强度的关联可以由图 4-13 和图 4-14 表示。

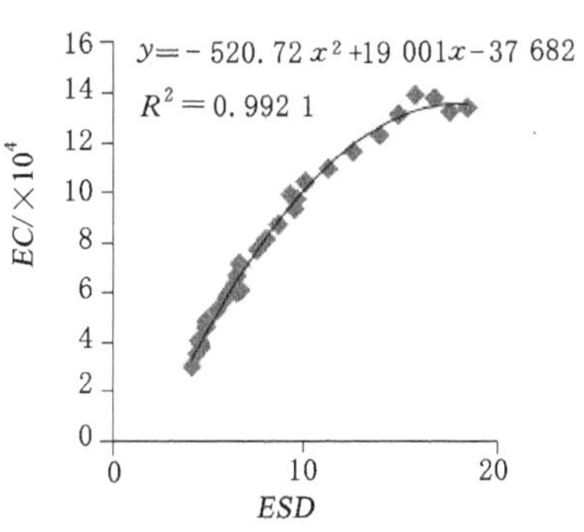

图 4-13　*EC* 与 *ESD* 的关联
（1970～1999 年）

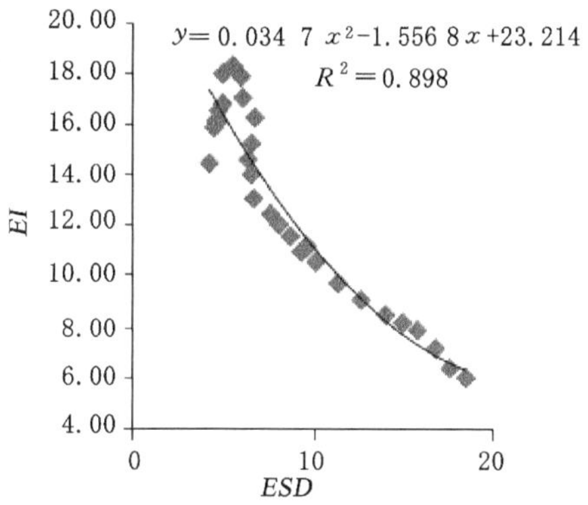

图 4-14　*EI* 与 *ESD* 的关联
（1970～1999 年）

在 1970 至 1999 年期间，产业结构演进系数（*ESD*）在 4 到 20 之间，变化幅度较大，尤其是 1985 年以后增速明显加快。能源消费总量（*EC*）在 29 000 到 140 000 万吨标准煤之间，与 *ESD* 变化趋势大体相同，由 $R^2=0.992$ 可知两者关联关系显著。整体上第二产业为经济产出的主体。在 20 世纪 80 年代初由于产业受到前期影响，非农产业产值比重有小幅波动，但总体能源消费总量随着非农产业比重的提高而增加。此期间能源强度（*EI*）除了前期有所上升，其他时间逐步减少，与 *ESD* 之间关联度高（$R^2=0.898$），说明除了 1970 年至 1976 年期间能源效率降低之外，从 20 世纪 80 年代中国经济步入正轨以后能源强度逐渐下降，能源利用效率不断提高。

第三阶段为 2000～2012 年，这 13 年间按当年价计算的第三产业产值与第二产业差距逐渐减小并有最终相等并反超的趋势。城镇第三产业快速发展，第二产业份额较为稳定，第一产业产出份额继续小幅减小，城镇化整体呈高速发展趋势。在此阶段，产业结构演进与能源消费总量和能源强度的关联可以由图 4-15和图 4-16 表示。

在 2000 至 2012 年期间，产业结构演进系数（*ESD*）在 20 到 41 之间，增长趋势较快，能源消费总量（*EC*）在 140 000 到 340 000 万吨标准煤之间，由 $R^2=0.988$可知两者存在着显著的关联关系。在此时间区间内，第二产业产值比重在46％左右小幅波动，第三产业产值从 39％上升到近 45％，两者差距逐步减小，能源消费总量随着非农产业比重的提高而增加。此期间能源强度(*EI*)在4到5之间波动中有所下降,与*ESD*之间呈现出明显的倒"U"型曲线,说明在此时间段*EI*与*ESD*之间的关联先正后负,两者间的关联关系显著($R^2=0.862$)。在进入21世纪后,中国的产业结构演进快速推进,城镇化与第三产业的发展良性互动,第三产业有逐步超越第二产业成为经济产出第一的趋势,同时,能源消费总量仍在扩张,能源消费效率在波动中呈提高的趋势。

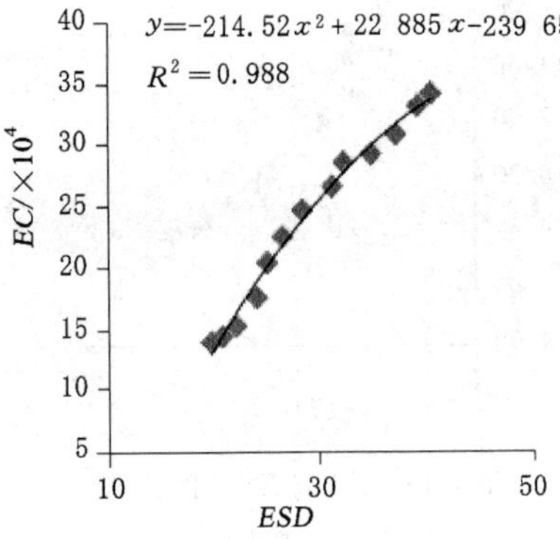

图4-15 *EC*与*ESD*的关联(2000～2012年)

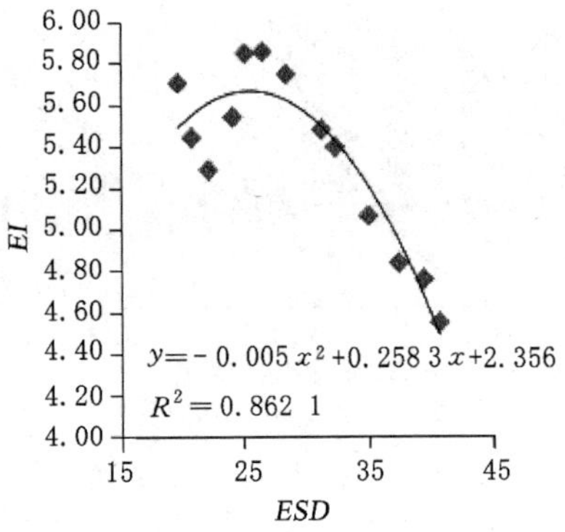

图4-16 *EI*与*ESD*的关联(2000～2012年)

4.4 城镇化进程中技术因素对能源消费的影响

4.4.1 城镇化技术因素对能源消费的影响机理

(1) 城镇化与技术进步

城镇化进程中不仅包括人口和产业的集聚,还包括技术的集聚和技术外溢过程。技术的改进和创新具有一定的空间集聚性,作为最早关注集聚现象的经济学家,马歇尔认为集聚产生的外部性有利于提高生产效率。作为专业化人才、先进设备、科研机构和科研资金的集聚地,城镇自然成为新技术的孵化地,美国学者雅各布斯曾在其论著《美国大城市的生与死》中指出:大城市是多样性天然的发动机,也是各种各样新思想和新企业的孵化器。

城镇的集聚效应影响知识的分享。通过聚集大量的人口,城镇为知识产生、扩散和积累创造了其所需的面对面交流的机会,在技术快速发展的产业中尤为明显。知识、信息和技术密集型产业大多集中于城镇,集聚还可以加速知识传播，有利于企业、企业家以及科研人员之间正式及非正式的相互合作和学习，帮助新技术、新工艺、新商业模式以及新生产方式的推广。知识和技术的外溢能够激发出更多的新想法和新思路，带来马太效应，通过人才的集聚和思想的碰撞吸引更多的人才和新思想，进一步加快知识的溢出。

概括起来，城镇的技术优势不仅体现在催生高新技术方面，更体现在促进知识的创造、积累和增长方面。城镇规模越大，人口密度越高，信息的多样化和集中度就越高，知识和技术创新的积累、传播也越快。城镇化的技术集聚和技术溢出效应推动着技术的进步，技术的进步又反过来进一步促进区域经济的发展和竞争优势的形成，两者产生良性循环。

(2) 技术进步与能源消费

技术的创新和进步对能源消费产生双重影响，其作用机制可以用图 4-17 表示。

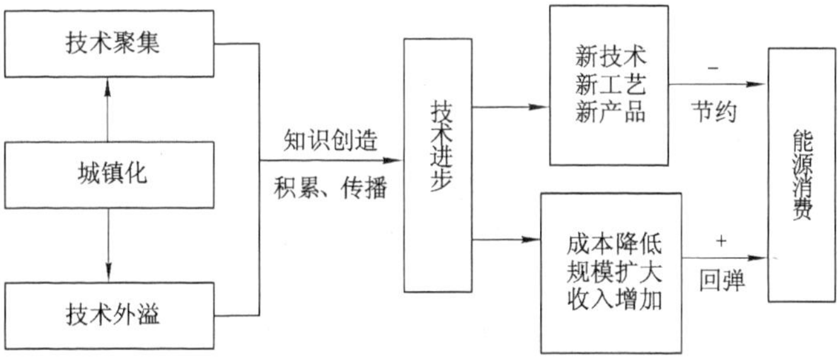

图 4-17　技术进步对能源消费的影响机理

一方面，新技术的出现改变能源勘探和开发过程，提高新能源、清洁能源的开发和使用程度，优化能源结构；工艺和设备的改进使煤、石油等传统能源清洁化利用成为可能，降低了能源消耗；先进设备和生产方式的运用提高了工业生产过程中能源的利用效率；节能产品的开发和推广降低了消费环节的能源消费量。另一方面，技术进步可能带来回弹效应，能源效率的提高和能源使用成本的降低带来的收入效应，导致直接和间接能源需求的增加；技术进步促进了经济总量、生产规模和收入水平的提高，这种提高带来的收入效应也可能推动能源消费量的增加，扩大能源消费规模。

4.4.2　技术进步对能源强度的分解分析

作为提高能源效率、降低能源强度的重要手段，技术进步主要通过影响能源的效率对能源消费整体产生影响。指数分解方法是分析研究技术因素对能源强度影响的主要方法之一，下面分析指数分解方法及其在分析技术因素对能源强度的影响方面的应用。

(1) Laspeyres 指数分解方法

指数分解法(Index Decomposition Analysis, IDA)和结构分解法(Structure Decomposition Analysis, SDA)是最为常用的两种分解分析方法。SDA 方法基于投入产出表,优点在于能够区分能源消费中生产效应和最终需求效应。IDA 方法基于指数理论,通常用时间序列的合计数据分析时间段内不同影响因素的变化情况。由于多数国家的投入产出表几年更新一次,因此 SDA 方法不能进行年度数据的分析。而 IDA 可以使用年度统计数据,而且便于进行不同层次的分解分析,更易于实际操作和进行比较分析。

IDA 方法在研究能源消费和能源强度分解的应用方面取得了广泛的成果,由于该方法易于应用、数据易得且结果便于分析,大批学者选用此方法对特定行业、区域或全球的能源消费及其碳排放的影响因素和效应进行研究。选择中国作为研究区域的文章也十分常见,Ma 等人(2010)发现,截至 2009 年,共 36 篇文献用 IDA 方法研究中国的工业能源消费,多数研究发现技术进步是降低能源消费或能源强度的主要原因,而产业结构的效应对最终能源消费的影响与产业分解的水平相关。这种现象表明了对 IDA 的研究不仅需要从纯时间序列的分析入手,还应该在确定数据可得性的同时对产业层次进行进一步分解。

最近几年,IDA 方法还应用于中国居民能源消费的研究。Zhao(2012)等人分析了生活方式变化及能源替代对城镇居民生活消费的影响。Yao(2012)等人、Zhang 和 Guo(2013)对农村居民生活能源消费及碳排放进行了分析。还有学者聚焦于不同省份在能源消费效应分解的空间差异上,这些研究大多依据 Metcalf(2008)的方法,将指数分解方法与计量技术相结合,通常首先对区域的能源影响因素进行分解然后用回归分析解释空间差异,典型代表有 Wang(2011)以及 Song 和 Zheng(2012)等。

指数分解方法的基本思路是,将目标变量如本部分中所研究的能源强度的变化,分解为若干影响因素的组合,通过各因素的贡献率大小判断其对目标变量的影响程度。最为常用的两种指数分解方法为 Laspeyres 方法和 Divisia 方法:Huang,Sinton 和 Levine 分别用 Divisia 和 Laspeyres 方法对中国 20 世纪 80 年代至 90 年代工业部门的能源强度变化情况进行了分解,发现技术效应是能源强度变动的主要原因。Ma 和 Stern 用 LMDI 方法分解 1980 年至 2003 年中国能源强度变动的因素,指出 21 世纪以来的技术进步导致了能源强度的增加。

由于便于计算且没有分解剩余,本部分选用 Laspeyres 完全分解方法,其主要原理如下:在 n 维空间中,可以将 V 分解为 n 个因子的乘积,即有 $V=x_1\times x_2\times\cdots\times x_n$。在时间 Δt 中,有 $\Delta V=V^t-V^0$,可以表示为式(4-10):

$$\Delta V = x_1^t \times x_2^t \times \cdots \times x_n^t - x_1^0 \times x_2^0 \times \cdots \times x_n^0$$
$$= (x_1^0 + \Delta x_1) \times (x_2^0 + \Delta x_2) \times \cdots \times (x_t^0 + \Delta x_t) - x_1^0 \times x_2^0 \times \cdots \times x_n^0 \tag{4-10}$$

式中 Δx_i 是因子 x_i 在时间 Δt 内的变化。据 Laspeyres 方法的定义，因子 x_i 对 V 变化的贡献率可以用式(4-11)来表示：

$$x_{i-\text{effect}} = x_1^0 \times \cdots \times x_{i-1}^0 \times \Delta x_i \times x_{i+1}^0 \times \cdots \times x_n^0 \tag{4-11}$$

进行加总后得到 V 的变化量可以表示为式(4-12)：

$$\Delta V = \sum_{i=1}^{n} x_{i-\text{effect}} \tag{4-12}$$

由于式(4-12)中忽略了式(4-10)中的 2^n-1-n 项，精确度有所降低，Sun 进行了改进，提出了无残差项的 Laspeyres 完全分解法，据此方法，因子 x_i 对 V 变化的贡献率可以重新表示为式(4-13)：

$$x_{i-\text{effect}} = \frac{V^0}{x_i^0}\Delta x_i + \frac{1}{2}\sum_{i \neq j} \frac{V^0}{x_i^0 x_j^0}\Delta x_i \Delta x_j + \frac{1}{3}\sum_{i \neq j \neq k} \frac{V^0}{x_i^0 x_j^0 x_k^0}\Delta x_i \Delta x_j \Delta x_k + \cdots + \frac{\Delta x_1 \Delta x_2 \cdots \Delta x_n}{n} \tag{4-13}$$

(2) 能源强度的指数分解分析

由能源强度的定义——能源消费总量与经济产出的比值，可以推知能源强度(EI)可以分解为如式(4-14)所示的形式：

$$EI = \sum_{i=1}^{n} \frac{E_i^t}{Y_i^t} \times \frac{Y_i^t}{Y^t} = \sum_{i=1}^{n} EI_i^t \times S_i^t \tag{4-14}$$

式中，E_i^t 为时间 t 的能源消费，Y 和 Y_i 分别为经济总产出和 i 产业的经济产出；EI_i^t 是 t 时期 i 产业单位产出的能源消耗，即 i 产业的能源强度；S_i^t 为 i 产业在总产出中的比重。由于 i 产业的能源强度由产业的技术水平决定，而产业产出的比重常用经济结构表示，因此能源强度的变动 ΔEI 可以分解为技术效应(IT_{effect})和结构效应(IS_{effect})两个部分，如式(4-15)所示：

$$\Delta EI = IT_{\text{effect}} + IS_{\text{effect}} \tag{4-15}$$

据 Laspeyres 完全分解法，按照式(4-15)的形式表示，能源强度的技术效应和结构效应可以分别用式(4-16)表示：

$$\begin{cases} IT_{\text{effcet}} = \sum_{i=1}^{n} \Delta EI_i \times S_i^{t-1} + \sum_{i=1}^{n} \frac{\Delta EI_i \times \Delta S_i}{2} \\ IS_{\text{effcet}} = \sum_{i=1}^{n} \Delta S_i \times EI_i^{t-1} + \sum_{i=1}^{n} \frac{\Delta EI_i \times \Delta S_i}{2} \end{cases} \tag{4-16}$$

(3) 实证

取 1980 年至 2012 年的数据进行分析，经济总产出和三次产业的产出用

1978年不变价计算，单位为亿元；三次产业的能源消费量以标准量统计，单位为万吨标准煤。产业产出的相关数据来源于《中国统计年鉴2013》，各产业能源消费情况统计自《中国能源统计年鉴2013》。

根据公式(4-16)进行计算，中国1980年至2012年生产部门能源强度变化的影响因素及其贡献率如表4-11所示。

表4-11 1980～2012年中国能源强度变化影响因素及贡献率

年份	ΔEI	IT_{effect}	技术贡献率	IS_{effect}	结构贡献率
1980～1985	−2.637 12	−1.902 46	72.14%	−0.734 66	27.86%
1985～1990	−0.938 44	−0.744 64	79.35%	−0.193 80	20.65%
1990～1995	−1.768 81	−2.487 16	140.61%	0.718 35	−40.61%
1995～2000	−1.614 64	−1.551 86	96.11%	−0.062 78	3.89%
2000～2005	0.085 45	−0.031 53	−36.90%	0.116 98	136.90%
2005～2010	−0.906 43	−0.878 25	96.89%	−0.028 17	3.11%
2010～2012	−0.222 03	−0.151 90	68.41%	−0.070 13	31.59%

从表4-10所示的结果中可以看出，在1980至2012年期间，除个别时间段(2000～2005年)，中国生产部门的能源强度整体呈下降趋势。除2000年至2005年外，技术进步对生产部门能源强度的下降有正向作用，即技术进步导致能源强度下降，而产业结构变化总体上(1990～1995年以外)对能源强度作用为负，即随产业结构变化能源强度反而升高。

从影响效果方面分析，从总体上看技术因素对能源强度的变化占主要影响，除了2000年至2005年以外，技术进步的贡献率都超过总体的2/3，在1990～2000年以及2005～2010年，还接近或超过了100%。产业结构对能源强度变化的影响相对较小。对异常年份进行分析，发现2000年至2005年生产部门能源强度不降反升的主要原因可能是经历亚洲金融危机后，中国经济在该时间段出现复苏和反弹，大量资金进入冶金、水泥等高能耗产业，产量快速增加的同时忽视了对技术的改进，导致技术的贡献率出现了负值。

进一步对技术效应进行分解，三次产业技术效应所占的比重如图4-18所示。

从图4-18可以看出，在各时间段第二产业的技术改进对整体的技术提升都占用主要地位，第一产业的技术改进对整体的影响除2000～2005年总体上比重趋于减小，第三产业的技术水平对整体技术影响的比重波动都较大。这说明第二产业的技术变动对整体的技术水平影响最大。

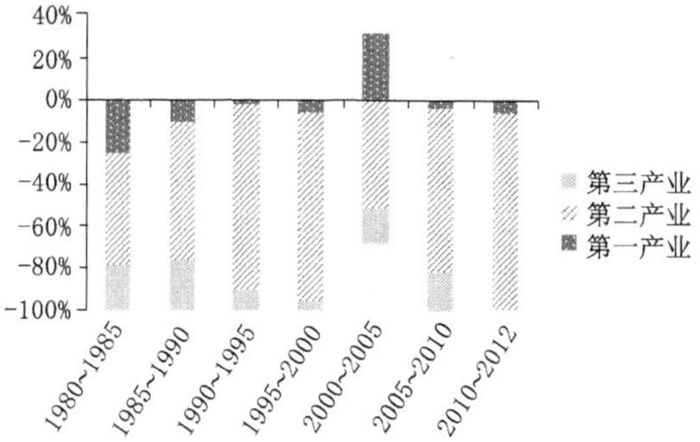

图 4-18　三次产业中的技术效应

总体而言，对能源强度进行分解分析证实技术进步导致各个产业的能源效率有所提高，对整体能源强度下降有明显的正向作用。技术的进步是导致中国能源强度整体降低的主要原因，与现有多数研究结论相吻合。

4.4.3　技术进步与能源回弹效应

据前述分析可知，技术的进步能够促使能源强度下降而使能源效率提升，能源效率的提升可以减少能源的消费量，但实际上在能源效率提高、能源降低的同时总的能源消费量在不断上升，如图 4-19 所示。

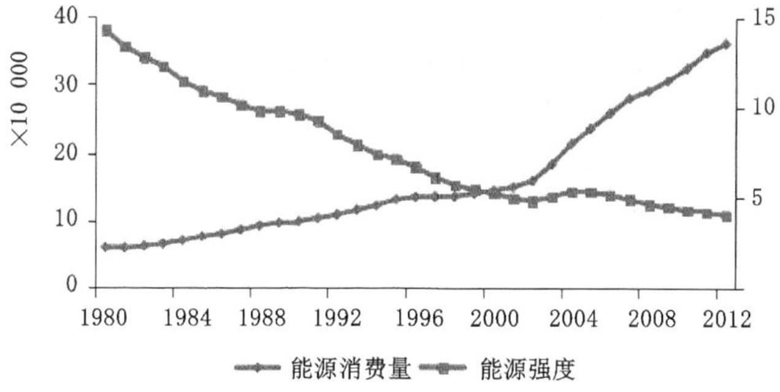

图 4-19　1980～2012 年中国能源消费量和能源强度的变化趋势

图 4-19 描述了 1980 年至 2012 年中国能源消费量和能源强度的变化趋势，在能源强度持续下降，及能源效率不断提高的同时，能源消费总量仍在不断增加，说明能源效率的回弹效应可能存在。

(1) 能源的回弹效应

能源回弹效应(Rebound Effect，RE)的概念由 Khazzom 在 1980 年最先明

确提出，即技术的进步带来能源效率提高，而能源消费却没有随能源效率提高而同比例下降。其原因是技术进步虽然能够提高能源效率，但同时意味着产品单位生产成本和价格的降低而导致需求的增长，从而诱发更多的能源消费，导致由效率提高而节约的能源被增加的需求所部分或全部抵消。能源回弹效应的发生机制可以用图 4-20 来描述。

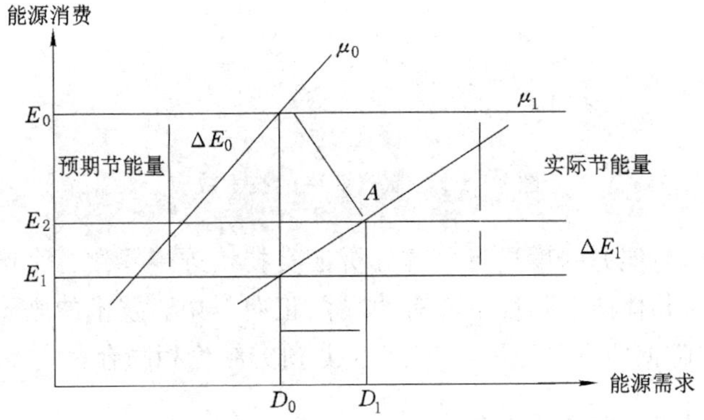

图 4-20 能源回弹效应

在图 4-20 中，用 μ 代表能源效率，当能源效率随技术水平从 μ_0 上升到 μ_1 时，若需求不变能源的消费量应该从 E_0 减小到 E_1，即 $\Delta E^0 = E_0 - E_1$ 为预期节能量。而实际能源效率提升后能源的成本降低，导致对能源的需求从 D_0 增加到 D_1，相应的能源消费量由 E_1 减小到 E_2，点 $A(D_1, E_2)$ 为最终的能源消费水平。能源的回弹量由 $\Delta E^1 = E_1 - E_2$ 来表示，即被需求增加所抵消的能耗降低部分。能源消费实际的减少量就是 ΔE^0 与 ΔE^1 的差。据上述分析，能源的回弹效应可以由公式(4-17)来表示。

$$RE = \left| \frac{\Delta E^1}{\Delta E^0} \right| \times 100\% \tag{4-17}$$

(2) 直接效应与间接效应

从式(4-17)可以看出，能源回弹效应的大小取决于能源回弹量 ΔE^1 与预期节能量 ΔE^0 的比值，据 Greening 等人(2000)的研究，能源回弹量 ΔE^1 可以分解为直接效应(direct effect)和间接效应(indirect effect)两个部分。直接效应是指能源效率的提高降低了能源的单位使用成本，可以等同于能源服务的实际价格有所下降，实际价格的下降引发各种能源服务间的替代效应(SE)，进而导致能源需求的增加而抵消了应有的能源消费量下降。间接效应是指在其他商品/服务价格不变的情况下，能源使用成本的降低相当于消费者实际收入的上升，进而引发收入效应(IE)导致消费者对所有商品/服务需求的增加，进而导致能源消费随之增加。这两种效应的作用机制可以用图 4-21 表示。

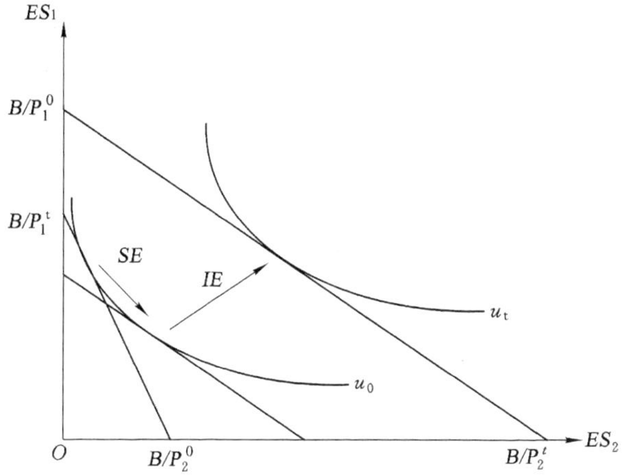

图 4-21　能源回弹的直接效应与间接效应

图 4-21 中 ES_1 和 ES_2 为两种能源服务(均为正常品),P_1 和 P_2 分别为其对应的价格。假设此时消费者的效用函数为 $U(ES_1, ES_2)$,其预算约束则可以表示为 $B=P_1ES_1+P_2ES_2$。当一种能源服务(ES_2)由于技术进步而效率提升时,其价格由 P_2^0 下降到 P_2^t,同时产生替代效应(SE)和收入效应(IE):一方面消费者更多地选择 ES_2 代替 ES_1,另一方面消费者的实际购买能力增强,增加了 ES_1 和 ES_2 的消费量。总能源回弹量 ΔE^1 就是直接效应带来 SE 的和间接效应带来的 IE 之和。

(3) 能源回弹效应的状态分析

RE 的取值对应能源回弹效应的不同状态类型,其分类可用表 4-12 表示。

表 4-12　*RE* 值及对应能源回弹状态

RE 值	回弹类型	状态描述
$RE>1$	逆反回弹	需求增大导致的用能增多超过技术进步导致的节能
$RE=1$	完全回弹	技术进步导致的节能与需求增大导致的用能增多相抵
$0<RE<1$	部分回弹	技术进步导致的节能超过需求增大导致的用能增多
$RE=0$	零回弹	技术进步导致的节能没有带来需求增大

当 *RE* 大于 1 时,技术进步带来的能源消费减少小于能源强度降低而引发的大量能源需求,出现了逆反回弹(backfire),总体能源消费不降反升;当 *RE* 等

于 1 时，技术进步带来的能源消费减少量恰好等于能源强度降低引发的能源需求增加，称为完全回弹(full rebound)，总体能源消费与能源效率提升前保持一致；当 RE 在 0 到 1 之间时，技术进步带来的能源消费减少量超过能源强度降低引发的能源需求增加，称为部分回弹(partial rebound)，总能源消费量下降，技术的进步实现了最终的能源节约；当 RE 等于 0 时，技术进步在降低能源强度的同时并没有引发能源需求的上升，此时为零回弹(zero rebound)，能源消费总量下降。

零回弹为技术进步、能源效率提高最理想的状态但现实中很难达到。部分回弹的状态是现阶段城镇化技术发展改进能源效率、降低能源强度现实追求的理想状态。RE 等于或大于 1，即完全回弹或逆反回弹的状态是城镇化技术改进过程中应着力避免的情况。在城镇化进程中，不但需要通过技术的进步提升能源效率、降低能源强度，还要通过能源价格手段，结合对节能意识的宣贯，降低对能源的敏感性，从而减少能源回弹效应对能源消费量减少的抵消作用。

4.5 城镇化对能源消费的效应分解分析

4.5.1 城镇化对能源消费的效应分解模型

在分析了城镇化进程中经济增长、人口、产业及技术因素对能源消费的作用机制的基础上，将各因素综合起来再进行分解，分析影响城镇化进程的不同要素对能源消费的影响效应。

(1) LMDI 分解法

如前文中所述，Divisia 方法和 Laspeyres 方法是最为常用的两种指数分解方法(IDA)，通过将目标变量的变化分解为若干影响因素的组合，根据各因素的贡献率大小判断其对目标变量的影响程度。LMDI (Log-Mean Divisia Index) 分解方法是 Divisia 方法中的重要一种，此方法由 Ang 首先提出，解决了分解中的剩余项和零值问题，有效地避免了参数估计过程中的随意性和主观性，将 Divisia分解方法拓展到了对于各种不同情形的分析研究。

LMDI 方法的基本原理如下：V 可用 m 个部门的和来表示，即有 $V = \sum_{i=1}^{m} V_i$，同时在 n 维空间中，可以将 V_i 分解为 n 个因子的乘积，即有 $V_i = x_{1i} \times x_{2i} \times \cdots \times x_{ni}$。在时间 Δt 中，V 从 V^0 变化至 V^t。可以用乘法和加法两种方式进行分解。

$$V^0 = \sum_{i=1}^{m} x_{1i}^0 \times x_{2i}^0 \times \cdots \times x_{ni}^0 \tag{4-18}$$

$$V^t = \sum_{i=1}^{m} x_{1i}^t \times x_{2i}^t \times \cdots \times x_{ni}^t \tag{4-19}$$

若按照乘法分解，可以表示为：

$$D_{\text{tot}} = V^t / V^0 = D_{x1} \times D_{x2} \times \cdots \times D_{xn} \tag{4-20}$$

$$D_{xk} = \exp\left(\sum_{i=1}^{m} \frac{L(V_i^t, V_i^0)}{L(V^t, V^0)} \ln\left(\frac{x_{ki}^t}{x_{kj}^0} \right) \right) \tag{4-21}$$

若按照加法分解，可以表示为：

$$\Delta V_{\text{tot}} = V^t - V^0 = \Delta V_{x1} + \Delta V_{x2} + \cdots + \Delta V_{xn} \tag{4-22}$$

$$\Delta V_{xk} = \sum_{i=1}^{m} L(V_i^t, V_i^0) \ln\left(\frac{x^{kt}}{x_{ki}^0} \right) \tag{4-23}$$

许多学者运用 LMDI 方法对能源消费及其碳排放变化的影响因素及效应进行定量分析：Wang 等人通过 LMDI 方法技术评价中国交通部门二氧化碳排放变化的驱动因素；Zha 等人选用 LMDI 方法分析 1991 年至 2004 年中国城乡居民二氧化碳排放强度的因素；Zhang 和 Guo 用 LMDI 方法对导致中国农村居民生活用能变化的因素进行了分解，发现收入效应是能源消费增长的主要原因。

(2) 能源消费的效应分解

能源消费包括生产部门能源消费和生活部门能源消费两个部分，根据 LMDI 加法分解的方法，可以把总能源消费分解为如式(4-24)的形式：

$$\begin{aligned} E = PE + RE &= \sum P \times \frac{Y}{P} \times \frac{Y_i}{Y} \times \frac{PE_i}{Y_i} + P \times \frac{P_j}{P} \times \frac{RE_j}{P_j} \\ &= \sum P \times EG \times IS_i \times TI_i + \sum P \times PS_j \times CH_j \end{aligned} \tag{4-24}$$

上式中 E，PE 和 RE 分别代表总能源消费、生产部门能源消费和生活部门能源消费。在生产部门中，P，Y，Y_i 和 PE_i 分别用来表示人口、国民生产总值、i 产业的国民生产总值和 i 产业的能源消费量；在生活部门中，P，P_j 和 RE_j 分别代表人口、j 区域的人口和 j 区域居民的能源消费量。其中 i 可以分为第一产业、第二产业和第三产业；j 分为城镇和农村两个区域。EG 等于 Y/G，代表人均 GDP，用来表示经济增长水平；IS_i 等于 Y_i/Y，是 i 产业占国民经济总产值的份额，用来描述经济结构；TI_i 等于 PE_i/Y_i，是 i 产业的能源强度，用来描述技术进步。PS_j 等于 P_j/P，是 j 区域人口占总人口的比重，反映人口结构；CH_j 等于 RE_j/P_j，是 j 区域人均家庭能源消费，反映能源消费习惯。根据 LMDI 方法，对式(4-24)两边同时取时间的差分，可以得到能源消费变化量，表示为式(4-25)：

$$\begin{aligned} \Delta E_{\text{tot}} &= E_{\text{tot}}^t - E_{\text{tot}}^0 = \Delta PE + \Delta RE \\ &= (\Delta E_{P1} + \Delta E_{eg} + \Delta E_{is} + \Delta E_{ti}) + (\Delta E_{P2} + \Delta E_{ps} + \Delta E_{ch}) \\ &= \Delta E_P + \Delta E_{eg} + \Delta E_{is} + \Delta E_{ti} + \Delta E_{Ps} + \Delta E_{ch} \end{aligned} \tag{4-25}$$

式(4-25)中各变量的意义如下：ΔE_{tot}为目标年 t 的能源消费 E_{tot}^t 和基年 0 的能源消费 E_{tot}^0 期间的能源消费的变化，可以分解为生产部门能源消费的变化 ΔPE 和生活部门能源消费的变化 ΔRE。对生产部门，其能源变化 ΔPE 又可以分解为人口效应 ΔE_{P1}、经济增长效应 ΔE_{eg}、产业结构效应 ΔE_{is} 和技术进步效应 ΔE_{ti}。对生活部门，能源消费变化 ΔRE 可以分解为人口效应 ΔE_{P2}、人口结构效应 ΔE_{ps} 和消费习惯效应 ΔE_{ch}。两部分中都存在人口效应，可以进行合并，总的人口效应用 ΔE_P 表示。各种效应的表达式如式(4-26)到式(4-32)所示。

$$\Delta E_{P1} = \begin{cases} \sum_i L(PE^t, PE^0)\ln(P^t/P^0), & PE^t \times PE^0 \neq 0 \\ 0, & PE^t \times PE^0 = 0 \end{cases} \tag{4-26}$$

$$\Delta E_{eg} = \begin{cases} \sum_i L(PE^t, PE^0)\ln(ET^t/EL^0), & PE^t \times PE^0 \neq 0 \\ 0, & PE^t \times PE^0 = 0 \end{cases} \tag{4-27}$$

$$\Delta E_{is} = \begin{cases} \sum_i L(PE^t, PE^0)\ln(IS_i^t/IS_i^0), & PE^t \times PE^0 \neq 0 \\ 0, & PE^t \times PE^0 = 0 \end{cases} \tag{4-28}$$

$$\Delta E_{ti} = \begin{cases} \sum_i L(PE^t, PE^0)\ln(TC^t/TC_i^0), & PE^t \times PE^0 \neq 0 \\ 0, & PE^t \times PE^0 = 0 \end{cases} \tag{4-29}$$

$$\Delta E_{P2} = \begin{cases} \sum_i L(RE^t, RE^0)\ln(P^t/P^0), & RE^t \times RE^0 \neq 0 \\ 0, & RE^t \times RE^0 = 0 \end{cases} \tag{4-30}$$

$$\Delta E_{ps} = \begin{cases} \sum_i L(RE^t, RE^0)\ln(UR_j^t/UR_j^0), & RE^t \times RE^0 \neq 0 \\ 0, & RE^t \times RE^0 = 0 \end{cases} \tag{4-31}$$

$$\Delta E_{ch} = \begin{cases} \sum_i L(RE^t, RE^0)\ln(PH_j^t/PH_j^0), & RE^t \times RE^0 \neq 0 \\ 0, & RE^t \times RE^0 = 0 \end{cases} \tag{4-32}$$

上式(4-26)至(4-32)中，有：

$$L(a,b) = (a-b)/(\ln a - \ln b) \tag{4-33}$$

4.5.2 能源消费的效应分解实证

研究的时间区间选定为 1980 年至 2012 年，用来反映中国改革开放以后城镇化以及能源相关变量的变化趋势。人口、人口城镇化率、各产业产出值及其在国民经济中所占比重，以及人均生产总值的数据来源于《中国统计年鉴》，GDP 相关指标都用 1978 年不变价表示。各产业、各类型居民及整体的能源消费量收集自各年份的《中国能源统计年鉴》，单位为万吨标准煤。各产业的能源强度由产业产出和能源消费量计算得出。

据公式(4-25)，将整体的能源消费分解为两大部分，7 个效应，分解的结果由表 4-13 表示。

表 4-13　　能源消费影响因素及效应分解结果

年份	ΔE	PE				RE		
		ΔP_1	ΔW	ΔS	ΔI	ΔP_2	ΔU	ΔH
1980～1985	16 407	3 910.39	24 535.66	−4 022.31	−10 319.75	847.85	1 128.07	327.08
1985～1990	22 021	5 603.44	21 929.52	−1 652.81	−6 340.15	1 119.45	676.25	685.30
1990～1995	32 473	5 666.56	51 150.11	9 725.00	−34 014.97	909.41	576.29	−1 539.70
1995～2000	14 355	5 547.34	45 080.82	−1 328.66	−34 813.25	710.04	1 299.72	−2 140.85
2000～2005	90 466	5 207.57	72 549.68	4 138.47	−1 121.45	625.65	1 263.01	7 802.86
2005～2010	88 942	6 255.37	125 701.83	−1 611.29	−50 655.92	747.79	1 246.96	7 257.82
2010～2012	36 793	2 980.81	46 778.63	−5 707.03	−12 367.71	361.06	376.05	4 370.98

区分生产(PE)和生活(RE)两个部分对能源消费总变化的影响，发现生产能源消费的变化是引起总体能源消费的主要原因，见图 4-22。

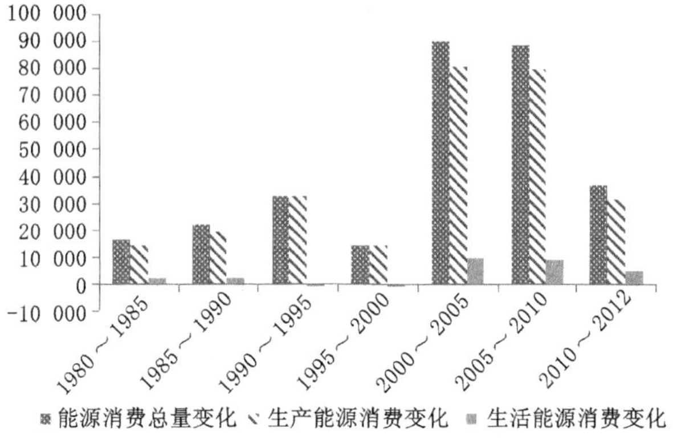

图 4-22　生产和生活能源消费变化对能源变化总量的影响

从图 4-23 中可以看出，生产部门能源消费的变化在总体能源变化中占主导地位，即较生活部门而言，城镇化进程中生产部门的能源变化对总体能源消费变化的影响更大。总体能源和生产能源消费变化的总体趋势相同，在 1980 年至 2012 年期间变化为正，即在此期间总能源消费和生产能源消费不断增加，而生活能源消费在1990年至2000年期间出现了较小的负增长。在1980～1995年期间总体能源消费和生产能源消费增长的增量变化趋势较为平缓，1995年至2000年能源消费整体增加，但增速比前一个阶段明显减慢，2000年以后能源消费的变化幅度急剧加大，增长迅猛。

将生产和生活两部分中的人口效应进行合并，可以得出总体的人口效应。合并后影响效应变为6个，这6个效应对能源消费总量变化的影响程度可以通过表4-14来描述。

表4-14　6大效应对能源消费总量影响的百分比

年份	ΔE	ΔP	ΔW	ΔS	ΔI	ΔU	ΔH
1980～1985	100	29.00	149.54	−24.52	−62.90	6.88	1.99
1985～1990	100	30.53	99.58	−7.51	−28.79	3.07	3.11
1990～1995	100	20.25	157.52	29.95	−104.75	1.77	−4.74
1995～2000	100	43.59	314.04	−9.26	−242.52	9.05	−14.91
2000～2005	100	6.45	80.20	4.57	−1.24	1.40	8.63
2005～2010	100	7.87	141.33	−1.81	−56.95	1.40	8.16
2010～2012	100	9.08	127.14	−15.51	−33.61	1.02	11.88
1980～2012	100	13.43	128.62	−0.15	−49.64	2.18	5.56

从表4-14中可知，在各效应中，经济增长是导致能源消费增加的最大诱因；而由能源强度代表的技术进步则是节能的主要动因；人口规模的扩大和人口结构的变化促进能源消费正向增长；经济结构的变化和消费习惯对能源消费变化的影响有正有负，在不同时段作用不同。

在1980至2012年间，人口规模效应在整体能源消费的增加中占13.43%；作为能源消费增长最大的诱因，经济增长效应对能源消费增长累积的作用为128.62%；产业结构效应的作用为−0.15%，说明在研究的时间段内，产业随城镇化而演进，整体上减少了能源消费；技术进步效应对能源消费变化的总影响为−49.64%，是节能的最主要动力；作为城镇化导致的直接结果，人口结构的变化和消费习惯的改变对能源消费增加累计的效应分别为2.18%和5.56%。

下面分别对生产部分和生活部分的能源消费变动进行分析，如图4-23、图4-24所示。

在生产部分，经济增长是能源消费总量增加的最大影响因素，与城镇化正相关，其年均增长率为8.88%。随着城镇化的深入，第一产业的比重由1980年的30.2%下降到了2012年的10.1%，第二、第三产业的比重在同期快速增加。作为最大的能源消费产业，第二产业对能源消费的影响最大，产业结构效应的变化

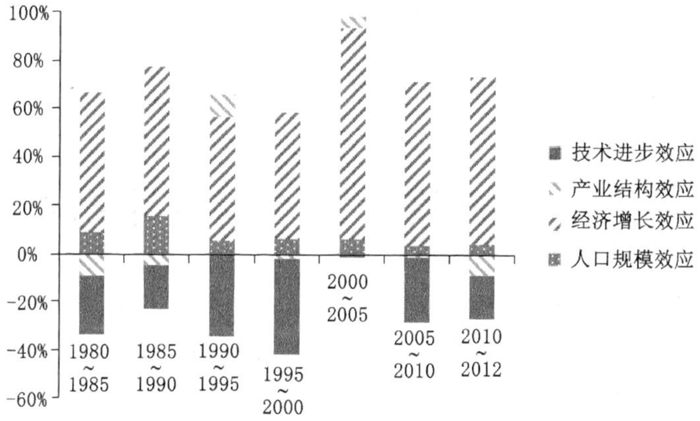

图 4-23　生产部分中城镇化对能源消费影响效应分解

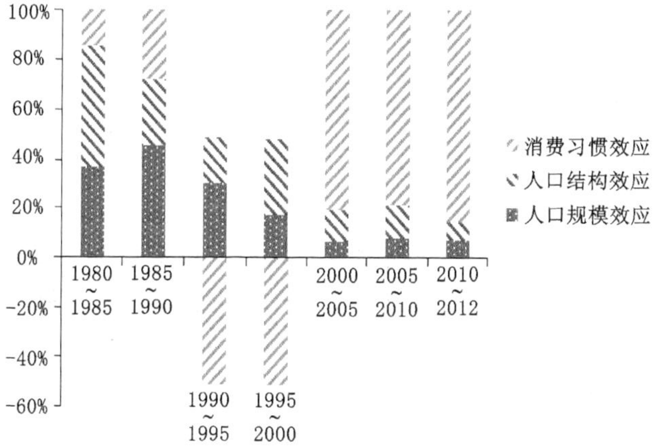

图 4-24　生活部门中城镇化对能源消费影响效应分解

趋势与第二产业比重的变化趋势高度吻合。各产业和总能源强度在整体上呈下降趋势，2000～2005 年为特例，出现上升；技术进步效应与总能源强度的变化趋势相同。

在生活部分，1985 年之前，人口结构是影响能源消费变化的最主要因素，由人均能源消费表示的消费习惯因素的影响逐渐增加，并从 1990 年起成为主要因素，居民生活能源消费的变动随着变化。在 1990～2000 年期间，居民生活能源消费下降，可能的原因是该期间显著的通货膨胀降低了居民的实际收入，导致居民在能源消费方面节约行为的出现。人口结构一直对居民能源消费产生正向影响，说明居民从农村移居城镇后会产生更多的能源消费。

第 5 章

城镇化与能源消费的相互作用机制

第 3 章和第 4 章从由城镇化到能源消费、由能源消费到城镇化两个方向分别分析了两个因素对对方的影响机制及效应，分析结果表明城镇化与能源消费之间存在错综复杂的作用关系。本章从两者的整体关系入手，进一步分析城镇化与能源消费间的相互关系及作用机制。

5.1 城镇化与能源消费的计量经济学分析

5.1.1 城镇化与能源消费的长期均衡关系分析

(1) 协整理论与 ADRL 建模

协整理论与方法由 Engle 和 Granger 在 1987 年提出，用于检验经济系统是否存在长期均衡关系。协整用来描述对非平稳经济变量的长期均衡关系，协整关系指非平稳经济变量间存在的长期稳定均衡关系。系统受到干扰后会偏离均衡点，而内在均衡机制将努力使系统重新回到均衡状态。所谓均衡就是这样一种状态，即当一个经济系统达到均衡状态时将不存在破坏均衡的内在机制。

经济领域中多数的经济变量，特别是宏观经济变量大多是非平稳的，然而，虽然单个变量表现是非平稳的，但某些变量间却存在长期稳定的均衡关系，这些特定经济变量的线性组合有可能是平稳的。假设两个变量(y_t，x_i)存在如式(5-1)所示的关系：

$$y_t = \beta x_i + u_t \tag{5-1}$$

如果两个非平稳变量之间存在协整关系，则它们之间的线性离差即非均衡误差是平稳的。若上式中 x_i，y_t 永远处于均衡状态，则偏差为零，即有 $u_t=0$；实际中由于受到各种因素的影响，x_i，y_t 并不是永远处于均衡位置，即 $u_t \neq 0$，但如果有 $u_t \sim I(0)$，则 $y_t = \beta x_i$ 是长期均衡关系，进而有 $u_t = y_t - \beta x_i$，称为非均衡误差。

自回归分布滞后模型(Auto-regression Distribute Lag，即 ARDL)由 Charemza 等人于 1997 年最先提出，由 Pesaran 等人完善。该方法使用边限检

验法(bound testing)确定变量间是否存在长期稳定关系,并在协整关系存在的前提下估计变量间的相关系数。

经蒙特卡洛实验证明,较其他单方程协整方法而言,ADRL 边限检验有独特的优点:此方法可以有效修正解释变量为内生变量的情境;传统的协整检验方法只在大样本数据下适合,在小样本情况下得出的结论具有较大的不可靠性,而边限检验可用于小样本;Engle、Granger 和 Johansen 等传统检验要求时间序列必须是同阶单整,而 ARDL 不需要数据严格具有 $I(0)$ 或 $I(1)$ 单整性,从而解决了协整检验可能遇到的预检验问题;此方法可以同时估计变量间的长期和短期关系。

ARDL 方法的建模过程主要包括两个步骤,第一步是建立与模型相对应的误差修正模型(Error Correction Model,即 ECM),通过 ECM 模型中的 F 统计量判断变量间是否存在长期稳定关系;第二步是运用 ARDL 模型估计变量间关系的弹性系数。

本节研究城镇化水平、能源消费及经济增长的关系,选用如下非限制误差修正模型(Unrestricted Error Correction Model,即 UECM)进行 ARDL 边限检验:

$$\Delta\ln GDP_t = c_1 + \sum_{i=1}^{n}\alpha_1\Delta\ln GDP_{t-i} + \sum_{i=1}^{n}\beta_1\Delta\ln EC_{t-i} + \sum_{i=1}^{n}\gamma_1\Delta\ln U_{t-i} + \delta_1\ln GDP_{t-1} + \sigma_1\ln EC_{t-1} + \lambda_1\ln U_{t-1} + \mu_{1t} \quad (5\text{-}2)$$

$$\Delta\ln EC_t = c_2 + \sum_{i=1}^{n}\alpha_2\Delta\ln EC_{t-i} + \sum_{i=1}^{n}\beta_2\Delta\ln GDP_{t-i} + \sum_{i=1}^{n}\gamma_2\Delta\ln U_{t-i} + \delta_2\ln EC_{t-1} + \sigma_2\ln GDP_{t-1} + \lambda_2\ln U_{t-1} + \mu_{2t} \quad (5\text{-}3)$$

$$\Delta\ln U_t = c_3 + \sum_{i=1}^{n}\alpha_3\Delta\ln U_{t-i} + \sum_{i=1}^{n}\beta_3\Delta\ln GDP_{t-i} + \sum_{i=1}^{n}\gamma_3\Delta\ln EC_{t-i} + \delta_3\ln U_{t-1} + \sigma_3\ln GDP_{t-1} + \lambda_3\ln EC_{t-1} + \mu_{3t} \quad (5\text{-}4)$$

式(5-2)至(5-4)中 Δ 代表一次差分,μ 为白噪声,GDP 代表经济增长量,EC 代表中国能源消费量,U 代表城镇化水平,α、β、γ 为短期相关系数,δ、σ、λ 为长期相关系数。通过对式(5-2)至(5-4)中滞后项的 F 检验判定经济增长、能源消费和城镇化三者之间长期关系是否存在。原假设为 $H_0:\delta=\sigma=\lambda=0$,即三者间不存在长期均衡关系;备择假设为 $H_1:\delta\neq0$ 或 $\sigma\neq0$ 或 $\lambda\neq0$。若拒绝原假设,则表明三者之间存在长期均衡关键,可以继续用 ARDL 模型及其对应的误差修正模型对经济增长、能源消费和城镇化之间的长期及短期关系的系数进行估计。模型中的滞后期由 AIC 和 SBC 准则确定。

长期影响的系数可由式(5-5)至式(5-7)计算得出:

$$\ln GDP_t = c_1 + \sum_{i=1}^{p_1} \alpha_1 \ln GDP_{t-i} + \sum_{i=1}^{p_2} \beta_1 \ln EC_{t-i} + \sum_{i=1}^{p_3} \gamma_1 \ln U_{t-i} + \mu_{1t} \tag{5-5}$$

$$\ln EC_t = c_2 + \sum_{i=1}^{p_1} \alpha_2 \ln EC_{t-i} + \sum_{i=1}^{p_2} \beta_2 \ln GDP_{t-i} + \sum_{i=1}^{p_3} \gamma_2 \ln U_{t-i} + \mu_{2t} \tag{5-6}$$

$$\ln U_t = c_3 + \sum_{i=1}^{n} \alpha_3 \ln U_{t-i} + \sum_{i=1}^{n} \beta_3 \ln GDP_{t-i} + \sum_{i=1}^{n} \gamma_3 \ln EC_{t-i} + \mu_{3t} \tag{5-7}$$

短期影响的系数可由相应的 ECM 模型，即式(5-8)至式(5-10)计算得出：

$$\Delta\ln GDP_t = c_1 + \sum_{i=1}^{p_1} \alpha_1 \ln GDP_{t-i} + \sum_{i=1}^{p_2} \beta_1 \Delta\ln EC_{t-i} + \sum_{i=1}^{p_3} \gamma_1 \ln U_{t-i} + \varepsilon_1 ECM_{t-1} + \mu_{1t} \tag{5-8}$$

$$\Delta\ln EC_t = c_2 + \sum_{i=1}^{p_1} \alpha_2 \ln EC_{t-i} + \sum_{i=1}^{p_2} \beta_2 \Delta\ln GDP_{t-i} + \sum_{i=1}^{p_3} \gamma_2 \ln U_{t-i} + \varepsilon_2 ECM_{t-1} + \mu_{2t} \tag{5-9}$$

$$\Delta\ln U_t = c_3 + \sum_{i=1}^{n} \alpha_3 \ln U_{t-i} + \sum_{i=1}^{n} \beta_3 \Delta\ln GDP_{t-i} + \sum_{i=1}^{n} \gamma_3 \ln NC_{t-i} + \varepsilon_3 ECM_{t-1} + \mu_{3t} \tag{5-10}$$

(2) 数据收集及单位根检验

本部分采用 1980 年至 2013 年中国城镇化、经济增长和能源消费的时间序列数据进行分析。城镇化水平 U 用城镇人口占总人口的比重表示(单位:%)；经济增长用中国国内生产总值 GDP 表示(单位:亿元)，用 1978 年的不变价格进行表示；能源消费 EC 用能源消费标准量表示(单位:吨标准煤)。城镇化水平和 GDP 数据来源于历年《中国统计年鉴》，能源消费数据来源于历年《中国能源统计年鉴》。为了消除时间序列数据中存在的多重共线性及剧烈波动问题，各数据均用其自然对数形式表示。

ARDL 模型虽不需要数据具有严格 $I(0)$ 或 $I(1)$ 单整性，但要求各时间序列的单整性不超过 1，即如果时间序列出现二阶或二阶以上平稳，则边界检验的统计结果可能会产生偏误。因此在进行 ARDL 协整检验之前，需要对各变量的时间序列进行单位根检验。由于在小样本中，ADF 和 PP 检验的功效明显下降，所以选用 NP 检验，结果如表 5-1。

表 5-1　　整体关系 NP 单位根检验结果

	MZa	MZt	MSB	MPT
ln *EC*(D1)	−5.929 87	−1.721 12	0.290 25	4.134 02
ln *U*(D1)	−12.682 2	−2.474 68	0.195 13	2.098 07
ln *GDP*(D0)	−36.417 4	−4.155 18	0.114 1	0.989 84
1%	−13.8	−2.58	0.174	1.78
5%	−8.1	−1.98	0.233	3.17
10%	−5.7	−1.62	0.275	4.45

从表 5-1 可以看出，经济增长的自然对数在 1%显著水平下显著，符合 $I(0)$过程；而能源消费和城镇化的自然对数的一次差分分别在 10%和 5%显著水平下显著，在符合 $I(1)$过程。因此各变量符合使用 ARDL 模型的条件。

(3) ARDL 边限协整及关系估计

单位根检验通过后，用 ARDL 模型进行对式(5-2)至式(5-4)进行边限检验及变量间长期的估计。Persaran 等和 Narayan 分别给出了大样本下和小样本的边限值，下边限为变量符合 $I(0)$时的临界值，上边限为变量符合 $I(1)$时的临界值。若模型得出的 F 值小于下边限则接受原假设，大于上边限则拒绝原假设，落在上下边限之间则无法判断。大样本和小样本下的边限值有明显不同，文中数据量属于小样本，因此参照 Narayan 给出的上下边限。检验结果及相应的边限值如表 5-2 所示。

表 5-2　　整体关系边限检验结果

F 检验值				
$F_{GDP}(GDP/U,E)$	0.21			
$F_E(E/U,GDP)$	5.45			
$F_U(U/E,GDP)$	2.33			
关键值	5%		10%	
	下边限	上边限	下边限	上边限
	4.523	5.749	3.573	4.625

从表 5-2 可知，$F_E(E/U,GDP)$为 5.45，在 10%显著性水平下大于上边限，可以拒绝原假设，表明当能源消费作为因变量时，存在协整关系。$F_{GDP}(GDP/U,E)$和 $F_U(U/GDP,E)$为分别 0.21 和 2.33，在 10%水平下小于下边限，不能拒绝

原假设，表明经济增长和城镇化水平作为因变量时，不存在协整关系。以上检验结果表明在中国经济增长和城镇化水平对能源消费存在长期均衡关系，经济增长和城镇化水平对能源消费有长期影响。

确定了经济增长为因变量时存在长期均衡关系后，用 ARDL-ECM 模型继续对长期影响系数和短期影响系数进行估计。受样本序列限制，且为避免待估参数过多造成结果的过度参数化，规定各变量的最大滞后阶数为 2。用 AIC 和 SBC 准则最优的滞后阶数，两种方法得到的最优模型形式均为 ARDL(2,1,1)，即式(5-5)至式(5-7)中 $\ln GDP$，$\ln EC$ 和 $\ln U$ 的滞后期 p_1，p_2 和 p_3 分别为 2，1 和 1。得出的长期均衡系数见表 5-3。

据表 5-3 显示，经济增长和城镇化水平对能源消费的长期影响系数都为正。经济增长对能源消费的长期弹性约为 0.49，在 1%水平下显著，即经济增长增加 1%会导致能源消费 0.49%；城镇化水平对能源消费的长期弹性约为 0.33，在 10%水平下显著，即城镇化水平提高 1%会导致能源消费增长 0.33%。

表 5-3　对能源消费影响的 ARDL 模型长期均衡系数

Autoregressive Distributed Lag Estimates			
ARDL(2,1,1) selected based on Schwarz Bayesian Criterion			
Dependent variable is ln *E*			
32 observations used for estimation from 1982 to 2013			
Regressor	Coefficient	Standard Error	T-Ratio[Prob]
ln *E*(−1)	1.260 2	0.132 58	9.505 6[0.000]
ln *E*(−2)	−.413 98	0.124 00	−3.338 7[0.003]
ln *GDP*	0.493 02	0.164 26	3.001 5[0.006]
ln *GDP*(−1)	0.531 97	0.165 85	3.207 6[0.004]
ln *U*	0.328 33	0.346 03	1.948 85[0.072]
ln *U*(−1)	−0.738 32	−0.360 60	−2.047 5[0.051]
INPT	0.777 76	0.313 94	2.477 4[0.020]
R-Squared　0.999 00	R-Bar-Squared　0.998 76		
S. E. of Regression　0.019 071	F-Stat.　F(6,25)　4 152.7[0.000]		
Mean of Dependent Variable　11.910 2	S. D. of Dependent Variable　0.540 94		
Residual Sum of Squares　0.009 092 5	Equation Log-likelihood　85.250 6		
Akaike Info. Criterion　78.250 6	Schwarz Bayesian Criterion　73.120 6		
DW-statistic　1.629 5			

短期动态均衡关系由相应的误差修正模型得出，结果见表 5-4。

表 5-4　　对能源消费影响的 ARDL 模型短期均衡系数

Error Correction Representation for the Selected ARDL Model			
ARDL(2,1,1) selected based on Schwarz Bayesian Criterion			
Dependent variable is $d\ln E$			
32 observations used for estimation from 1982 to 2013			
Regressor	Coefficient	Standard Error	T-Ratio[Prob]
$d\ln E1$	0.413 98	0.124 00	3.338 7[0.002]
$d\ln GDP$	0.493 02	0.164 26	3.001 5[0.006]
$d\ln U$	−.328 33	0.346 03	−0.948 85[0.351]
ecm(−1)	−0.153 77	0.051 958	−2.959 5[0.006]
List of additional temporary variables created:			
$d\ln E=\ln E-\ln E(-1)$			
$d\ln E1=\ln E(-1)-\ln E(-2)$			
$d\ln GDP=\ln GDP-\ln GDP(-1)$			
$d\ln U=\ln U-\ln U(-1)$			
$ecm=\ln E+0.253\,31\cdot\ln GDP-2.666\,3\cdot\ln U-5.058\,0\cdot INPT$			
R-Squared　0.716 77	R-Bar-Squared　0.648 80		
S. E. of Regression　0.019 071	F-Stat.　F(4,27)　15.817 1[.000]		
Mean of Dependent Variable　0.057 558	S. D. of Dependent Variable　0.032 181		
Residual Sum of Squares　0.009 092 5	Equation Log-likelihood　85.250 6		
Akaike Info. Criterion　78.250 6	Schwarz Bayesian Criterion　73.120 6		
DW-statistic　1.629 5			

从表 5-4 可知，模型通过了所有的检验，经济增长与城镇化水平对能源消费的影响均为正。经济增长对能源消费的短期弹性约为 0.49，在 1%水平下显著，即经济增长增加 1%会导致能源消费增加 0.49%；城镇化水平对能源消费的短期弹性约为 0.28，在 5%水平下显著，即城镇化水平提高 1%会导致能源消费增加0.28%。误差修正项 ECM 系数为负，表明模型具有由短期波动向长期均衡的稳定修正能力。ECM 系数估计值为−0.154，在 1%水平上显著，表明当经济受到冲击以后，在次年会向均衡得到 15.4%的回复。用 F 和 W 检验来验证 ADRL 模型中的系数的长期关系，结果见表 5-5。

表 5-5 对整体关系的 ARDL 模型 *F* 检验和 *W* 检验

F-statistic	95% Lower Bound	95% Upper Bound	90% Lower Bound	90% Upper Bound
6.351 3	4.260 6	5.415 0	3.419 1	4.467 8
W-statistic	95% Lower Bound	95% Upper Bound	90% Lower Bound	90% Upper Bound
19.054 0	12.781 8	16.244 9	10.257 3	13.403 5

从表 5-5 中可以看出，对模型进行检验，其 F 和 W 检验值都在 5%的显著性水平下大于上边限，说明得出的经济增长和城镇化对能源消费的长期和短期弹性系数有效。

为了避免时间序列参数值的不稳定导致的模型设定偏误，需要进一步对参数的稳定性进行检验。Pesaran 证明，对 ECM 模型应使用基于递归残差的 CUSUM 和 CUSUM SQ 稳定性检验方法来进行模型参数稳定性的检验。检验结果见图 5-1 和图 5-2。

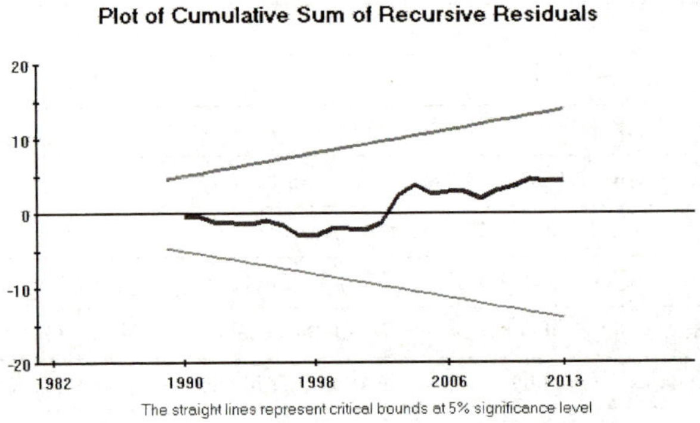

图 5-1 参数稳定性 CUSUM 检验结果

从图 5-1 和图 5-2 中可以看出，在 5%显著性水平下递归残差的 CUSUM 和 CUSUM SQ 值均在给定的边限范围之内，即通过了稳定性检验，说明估计出的 1980～2013 年中国能源消费和城镇化水平对经济增长影响的参数值都是稳定的，模型整体是可信的。

(4) 协整关系分析

第一，城镇化水平、能源消费和经济增长的关系：从整体来看，1980 年至 2013 年中国城镇化水平、能源消费和经济增长这个经济系统存在协整关系，三者之间呈现出一定的协调性，说明城镇化水平、能源消费和经济增长之间基本相互适应。城镇化水平和经济增长通过长期均衡关系影响中国的能源消费，每年

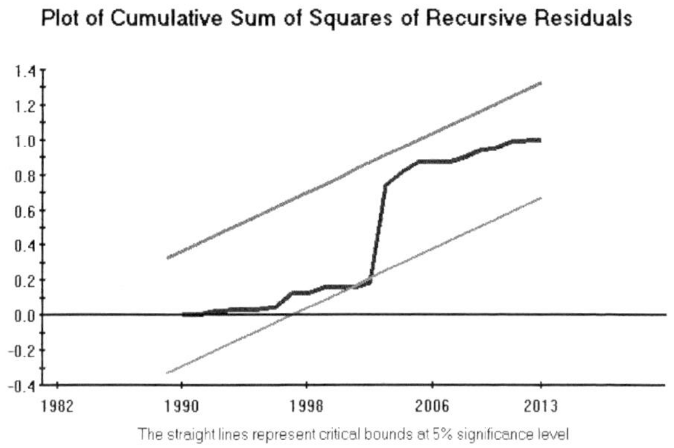

图 5-2　参数稳定性 CUSUM SQ 检验结果

$ln\ E$ 的实际值与均衡值的偏差会得到 15.38%左右的纠正。

第二，能源消费与经济增长的关系：中国经济增长对能源消费存在显著的正向的长期和短期的关系，符合“节约假设”，说明中国当前经济增长会增加能源的消耗。在这种情况下，经济增长导致能源消费增加的同时，能源的约束也反向影响经济增长。即能源作为劳动和资本的补充，对生产过程有直接、间接的影响，对于经济增长是一个限制因素。一旦能源供给出现震荡则会对经济增长产生负面影响。在短期和长期，经济增长 1%会导致能源消费增加 0.49%，说明中国的经济发展需要消耗大量的能源，随着技术进步、产业结构优化等因素起作用，经济增长对能源的依赖稍有减小，但整体仍较大。

第三，城镇化与能源消费的关系：中国的城镇化发展水平对能源消费存在显著的正向长期和短期关系，说明中国正经历城镇化进程的关键时期，对能源需求较大。城镇化水平提高 1%会导致能源消费增加 0.32%，说明中国目前城镇化的进程需要消耗大量的能源，城镇化带来的生产方式、生活方式的改变在对能源消费产生较大的影响。

5.1.2　能源消费与城镇化的因果关系分析

(1) 格兰杰因果关系检验

变量 y_t 和 x_t 之间是否存在因果关系，可以通过基于向量自回归模型的格兰杰非因果关系(Granger Causality Test)检验进行确定。该检验方法为 2003 年诺贝尔经济学奖得主克莱夫·格兰杰(Clive W. J. Granger)最先提出，格兰杰非因果性检验定义如下：

如果由变量 x_t 和 y_t 滞后值所决定的 y_t 的条件分布与仅由 y_t 滞后值所决定的条件分布相同，即存在：

$$f(y_t \mid y_{t-1}, \cdots, x_{t-i}, \cdots) = f(y_t \mid y_{t-1}, \cdots) \tag{5-11}$$

则称 x_{t-i} 对 y_t 不存在格兰杰因果性关系。

格兰杰因果因果关系还可以表示为：在其他条件不变时，如果加上 x_t 的滞后变量后对 y_t 的预测精度不存在显著性改善，则称 x_{t-1} 对 y_t 不存在格兰杰因果性关系。因此，可以推知 x_t 对 y_t 是否存在因果关系的检验，可通过检验以 y_t 为解释变量的方程中是否可以把变量 x_t 的全部滞后变量剔除掉而完成，进而格兰杰因果检验可以表示为式(5-12)的形式：

$$y_t = \sum_{i=1}^{k} \alpha_i y_{t-i} + \sum_{i=1}^{k} \beta_i x_{t-i} + u_{1t} \tag{5-12}$$

若存在变量，常数项、趋势项、虚拟变量等都可以包含在式(5-12)中，则检验 x_{t-1} 对 y_t 不存在格兰杰因果关系的原假设 H_0 为：

$$H_0: \beta_1 = \beta_2 = \cdots = \beta_k = 0$$

显然，若式(5-12)中变量 x_t 的滞后变量的回归参数估计值全部不显著，则上述原假设 H_0 不能被拒绝；而如果 x_t 的任何一个滞后变量的回归参数估计值存在显著性(即有 $\beta_i \neq 0$)，则可以拒绝 H_0，x_t 对 y_t 存在格兰杰因果关系。上述检验过程可用 F 统计量来完成，如式(5-13)所示：

$$F = \frac{(RSS_r - RSS_u)/k}{RSS_u/(T-2k)} \tag{5-13}$$

式(5-13)中 RSS_r 为在施加约束(零假设成立时)条件时模型的残差平方和；RSS_u 为不施加约束条件下模型的残差平方和；T 表示样本容量；k 表示模型中 x_t 的最大滞后期。在 H_0 成立的条件下，F 统计量渐近服从 $F(k, T-2k)$ 分布，判别原则如下：

当 $F \leqslant F_\alpha(k, T-2k)$ 时接受原假设，即 x_t 对 y_t 不存在格兰杰因果关系；

当 $F > F_\alpha(k, T-2k)$ 时拒绝原假设，即 x_t 对 y_t 存在格兰杰因果关系。

同样，如需检验 y_t 是否是 x_t 的格兰杰因果关系，即可将变量 x_t 和 y_t 的位置互换，进行检验。

(2) 城镇化与能源消费的格兰杰因果检验

在对城镇化与能源消费进行了单位根检验、协整检验等一系列的分析与检验后，可以进一步对两者之间的因果关系进行分析，分别选择不同的滞后期(2至10期)，分析结果如表5-6所示。

表 5-6　　城镇化与能源消费因果关系检验

滞后期	F-Statistic	Prob.	结论
2	5.583 01	0.009 3	ln U 是 ln E 的格兰杰原因
	0.417 53	0.662 9	ln E 不是 ln U 的格兰杰原因
3	4.087 7	0.017 7	ln U 是 ln E 的格兰杰原因
	0.269 73	0.846 6	ln E 不是 ln U 的格兰杰原因
4	3.046 97	0.039 7	ln U 是 ln E 的格兰杰原因
	0.576 24	0.683	ln E 不是 ln U 的格兰杰原因
5	2.574 47	0.063 2	ln U 是 ln E 的格兰杰原因
	0.270 67	0.923 2	ln E 不是 ln U 的格兰杰原因
6	2.881 23	0.045 1	ln U 是 ln E 的格兰杰原因
	0.469 53	0.820 4	ln E 不是 ln U 的格兰杰原因
7	1.689 22	0.202 7	ln U 不是 ln E 的格兰杰原因
	1.222 91	0.361 9	ln E 不是 ln U 的格兰杰原因
8	2.57 801	0.090 1	ln U 是 ln E 的格兰杰原因
	0.981 35	0.505 2	ln E 不是 ln U 的格兰杰原因
9	1.689 22	0.202 7	ln U 不是 ln E 的格兰杰原因
	0.747 67	0.666 7	ln E 不是 ln U 的格兰杰原因
10	2.578 01	0.090 1	ln U 是 ln E 的格兰杰原因
	1.176 55	0.502 3	ln E 不是 ln U 的格兰杰原因

从表 5-6 中可见，除滞后 7 期和 9 期外，城镇化都是能源消费的格兰杰原因；而在滞后 2 至 10 期内，能源消费都不是城镇化的格兰杰原因。整体而言，城镇化发展是能源消费增加的原因，而能源消费的增加并不能导致城镇化的发展。格兰杰因果关系检验的结论只是统计意义上的因果性，而不一定是真正的因果关系。上述结果可以作为真正的因果关系的一种支持，但不能作为肯定或否定因果关系的最终根据。尽管如此，仍不妨碍上述结果有参考价值。

从以上的分析可以发现，城镇化是影响能源消费变化的重要原因，按照现有的模式发展，城镇化的推进导致了能源消费的大量增加；而能源消费的不断大量投入并不能直接促进城镇化水平的提高。在新常态下，中国经济发展和转型正处于关键时期，新型城镇化的建设已成为经济社会发展重点，需要调整城镇化的发展模式，以高质量、低能耗的发展方式减少对能源的依赖，促进城镇化的可持续发展。

5.2 城镇化与能源消费的耦合关系分析

5.2.1 耦合关系分析

(1) 城镇化与能源消费的耦合关系推导

耦合(Coupling)是一个物理学概念,指两个或两个以上的系统或运动形式通过相互作用而彼此影响的现象。例如,在两个单摆之间连接一根弹簧,单摆间的振动就因相互影响而彼此起伏,这种简单相互作用被称为单摆耦合。类似地,城镇化与能源消费两者之间通过各自的耦合元素产生相互作用,进而彼此影响的现象可以称为城镇化与能源消费间的耦合。

城镇化对能源消费的影响在第 4 章中已经进行了较为详尽的分析。经过因素分解发现,在导致能源消费压力增大的各因素中,经济增长是城镇化对能源消费的最主要的影响因素,其影响可以通过环境库兹涅茨曲线的形式表现:

$$\ln y_t = \beta_0 + \beta_1(\ln x_t) + \beta_2(\ln x_t)^2 + \beta_3(\ln x_t)^3 + \varepsilon_t$$

能源消费对城镇化的影响在第 3 章中进行了分析:作为城镇居民的必须消费品和经济发展的必要投入要素,能源对城镇化的发展起着促进和约束的作用。一方面,通过对能源的消费和投入,增加经济产出,进而推动城镇化的进一步发展;另一方面,能源的有限性及其消费过程伴生的碳排放问题也对城镇化的健康、可持续、高质量发展产生了约束。在推导能源对城镇化的增长尾效时借助了经济增长的中间作用,由于经济增长和能源消费有正向相关关系,且经济增长对城镇化的因果影响强于城镇化对经济增长的影响,两者之间存在一种十分明显的半对数曲线关系,因此常用如下的模型描述城镇化与经济增长的关系:

$$U(t) = c + d\ln Y(t) + \varepsilon$$

城镇化与能源消费之间的相互关系,可以通过上述的环境库兹涅茨曲线和半对数曲线进行耦合。为了推导和计算的简便,将环境库兹涅茨曲线简化为二次形式并用数据的原始形态代替导数形态,表示为式(5-14):

$$e = m - n(x - p)^2 \tag{5-14}$$

式(5-14)中 e 为能源消费,x 为经济增长,m,n 和 p 分别为待估参数。半对数曲线表示为式(5-15):

$$u = a\ln x - b \tag{5-15}$$

式(5-15)中 u 为城镇化水平,x 为经济增长,a 和 b 为待估参数。将式(5-14)与(5-15)联立,就可得到城镇化与能源消费的耦合关系式,形如式(5-16):

$$e = m - n(10^{\frac{u+b}{a}} - p)^2 \tag{5-16}$$

(2) 城镇化与能源消费耦合发展规律

从式(5-16)中可以看出城镇化与能源消费之间的耦合函数为复合函数，两者之间的耦合规律可以定量的表示为式(5-17)的形式：

$$\begin{cases} 10^{\frac{u+b}{a}} < p\text{，即 } u < a\ln x - b \text{ 时，城镇化对能源消费的压力逐渐增大} \\ 10^{\frac{u+b}{a}} = p\text{，即 } u = a\ln x - b \text{ 时，城镇化对能源消费的压力达到峰值} \\ 10^{\frac{u+b}{a}} > p\text{，即 } u > a\ln x - b \text{ 时，城镇化对能源消费的压力逐渐减小} \end{cases} \tag{5-17}$$

从几何学角度对上式进行推导，对城镇化与能源消费间耦合关系曲线的推导基于两者共同的经济坐标轴。分别将环境库兹涅茨的倒“U”型曲线和半对数曲线画在同一个坐标系中的第一和第三象限，然后分别从两条曲线上引水平和垂直辅助线向第二象限进行投射，经济轴消去即可以在第二象限生成一条城镇化与能源消费的耦合关系曲线。

结合复合的耦合方程进行分析，发现 m 是转折点的能源消费压力程度，b 决定转折点何时出现(值越大，出现转折点时城镇化率越高)，n 反映随城镇化水平变化的能源消费的变化速度，值越大，变化速度越快，曲线如图 5-3 所示。

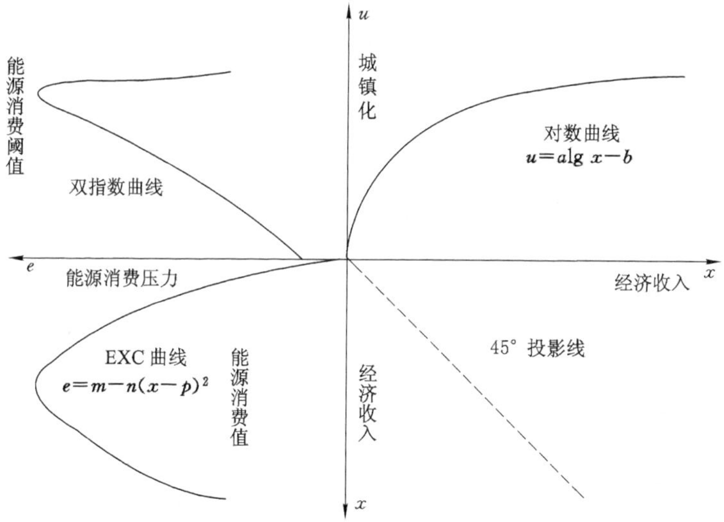

图 5-3　城镇化与能源消费耦合关系曲线图

从图 5-3 中可以看出，复合曲线被中间的拐点分为两部分，两部分都是指数曲线。不同的是前一部分为单调递增而后一部分为单调递减。在拐点之前，城镇化水平的提高导致能源消费的压力增加；在拐点之后，城镇化水平的提高导致能源消费的压力减小。城镇化与能源消费间的耦合关系符合一定的时序规律性，这种时序规律性可以由图 5-4 来表示。

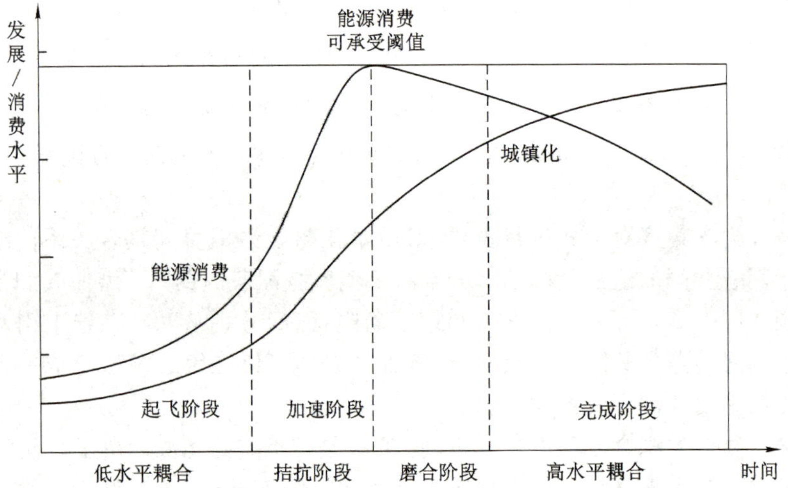

图 5-4 城镇化与能源消费耦合关系发展规律

从图 5-4 可以看出，城镇化与能源消费的耦合关系发展大概可以划分为这样几个阶段：

低水平耦合协调阶段，此阶段一般出现在城镇化初期。城镇化发展较为缓慢，对能源消费的压力小，可以通过能源系统的自我修复能力得以恢复。

拮抗阶段，此阶段一般出现在城镇化中期加速发展阶段。随着城镇化的快速推进，人口、经济等各方面对能源消费的压力明显增大，城镇化对能源累积的胁迫效应呈现急速加剧的特性，逐渐逼近能源消费可以承受的极限值。

磨合阶段，此阶段一般出现在城镇化加速发展阶段的中后期。随着城镇化速度逐渐减缓，两者的矛盾由尖锐到缓和再到尖锐不断地交替、磨合，对能源消费的压力逐渐减小。

好转及高水平耦合协调阶段，此阶段一般出现在城镇化的成熟发展阶段。经过上一阶段的恢复，由于技术进步、结构转型和节能意识的强化，能源消费的状况不断好转，矛盾逐步缓和，城镇化对能源消费造成的破坏得到逐步恢复。

5.2.2 耦合关系实证

由于所处环境和发展历史不尽相同，中国城镇化发展和能源消费在空间上差异明显，各区域城镇化的水平和发展速度各异，能源消费的规模和结构也有所不同。在本节的实证部分将中国分为几个区域，对不同区域城镇化与能源消费的耦合关系进行分析。

(1) 区域数据和基本情况

按照常用的区域划分方法，将中国各省区分为华北（包括北京、天津、河北、山西和内蒙古 5 个省/区/市）、东北（包括黑龙江、吉林和辽宁 3 个省份）、华东（包括上海、江苏、浙江、山东、安徽、福建和江西 7 个省/市）、中南（包括河南、湖北、湖南、广东、广西和海南 6 个省/区）、西南（包括重庆、四川、贵州、云南和西藏 5 个省/区/市）和西北（包括山西、甘肃、青海、宁夏和新疆 5 个省/区）六大区域。各个区域的城镇化数据、能源消费数据以及经济增长的数据由其包括的各个省区/市的数据加总而成。由于 2005 年以前各省份城镇化率数据的缺失，取 2005 年至 2013 年各省的数据进行分析。另外，缺少西藏地区能源消费的统计数据，因此在分析中去掉了该省区。各区域城镇化的发展情况见图 5-5。

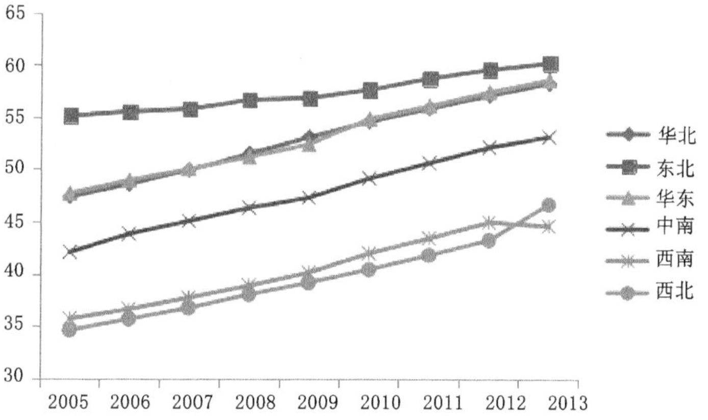

图 5-5　六大区域城镇化发展情况

从图 5-5 可以看出，各区域城镇化的水平、发展速度都有较大差异：作为新中国成立后工业化的重点建设区域，东北地区的城镇化进程开始早、城镇化水平也一直高于其他地区，但近年增长速度较其他区域慢（2005～2013 年均增长率 1.10%）。华北和华东地区城镇化发展水平、速度基本一致（2005～2013 年均增长率 2.6%左右），区域整体城镇化率已经逐步接近东北地区，其中的大都市北京、天津、上海的城镇化率远超过东北地区。中南地区包括广东、河南等人口大省，整体城镇化水平居中，2005～2013 年均增长率 2.96%。西北和西南地区整体上地广人稀，经济发展相对落后，城镇化水平相对最低，近年来增长速度加快，2005～2013 年均增长率分别为 3.81%和 2.82%。

(2) 参数计算及耦合状态分析

根据各年份城镇化率 u，能源消费总量 e 和经济总量 x 的值，结合式(5-14)和式(5-15)可以计算出下式中各主要参数 a,b,n,p 的取值：

$$e=m-n(10^{\frac{u+b}{a}}-p)^2$$

上式中各主要参数的取值已及拐点 $a\ln x-b$ 的值如表 5-7 所示。

表 5-7　　各区域耦合关系关键参数值

区域	a	b	n	p	$a\ln p-b$
华北	9.115 015	46.551 82	−3.10E−06	149 231.94	62.037 7
东北	4.008 486	−15.723 88	−4.36E−06	90 827.16	61.487 61
华东	9.550 804	59.959 62	−1.17E−06	296 167.52	60.367 91
中南	9.065 526	56.178 66	−1.73E−06	222 019.65	55.422 69
西南	7.969 306	41.988 12	−5.28E−06	91 167.23	49.024 95
西北	7.154 935	31.282 13	−2.26E−06	190 795.80	55.714 43

对 6 个区域进行比较，发现各区域的拐点值差异明显，东部三个区域的拐点值都在 60 以上，华北拐点值最大，达到 62.04。中南和西北地区的拐点值在 55 左右。西南地区的拐点值最低，不足 50，为 49.02。

得到参数的值后，进一步判断各区域城镇化与能源消费之间的耦合状态。根据式(5-17)，对现有的城镇化水平 u 和拐点值 $a\ln x-b$ 进行比较，结果见图5-6。

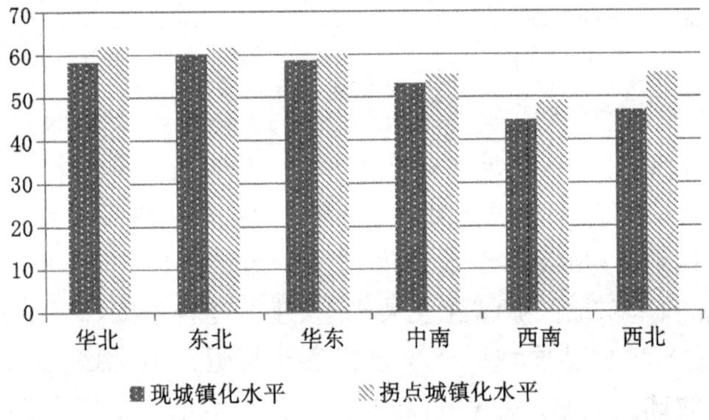

图 5-6　城镇化水平现值与拐点值比较

比较发现各区域现有的城镇化水平都低于拐点值，即中国整体处于城镇化对能源消费的压力逐渐增大的阶段。东北和华东区域现有的城镇化水平与拐点值最为相近，即将达到能源消费压力的峰值。华北和中南地区现有的城镇化水平也接近拐点值，西南和西北地区现有城镇化水平和拐点值差距仍较大，尤其是西北地区，据峰值还有较大距离。

结合图 5-4 可知，目前中国各区域城镇化与能源消费之间的耦合关系仍处于拮抗阶段，即在现阶段中国城镇化快速推进的过程中，能源消费的压力明显增大。中东部几个区域已经接近能源消费压力的峰值，即将进入城镇化与能源消费耦合关系的磨合阶段，两者间的矛盾可能经历由尖锐到缓和再到尖锐不断交替、磨合的过程。

5.3　城镇化与能源消费的脱钩关系分析

5.3.1　脱钩概念

脱钩(Decoupling)的概念源于物理学领域，描述的是相互影响的两个或多个物理量之间的相互关系降低或不再存在的状态。脱钩的理念由 Zhang 在 2000 年初首次应用于环境领域，并在 2002 年被 OECD 发展为脱钩指数。由此，脱钩作为反映经济、能源间整体关系的重要概念受到了全球广泛的认同。目前，脱钩分析被广泛应用于不同研究领域。Tapio (2005)研究了欧洲碳排放、交通量与国民生产总值的脱钩关系；Diakoulaki 和 Mandaraka (2007)对欧盟 14 国工业增长与碳排放的脱钩关系进行了研究；Ren 等人(2012)用脱钩方法计算了有色金属行业的脱钩趋势。赵一平(2006)、王崇梅(2012)、李斌和曹万林(2014)等学者分别分析了中国经济增长与能源消费、生态压力和环境污染之间的脱钩关系。两个变量(X 和 Y)脱钩关系可由公式(5-18)表示：

$$\Delta D_t = \Delta X_t / \Delta Y_t = \frac{X_t - X_0}{X_0} \Big/ \frac{Y_t - Y_0}{Y_0} \tag{5-18}$$

参照 Tapio 的分类方法，根据变量增长幅度不同，可以划分出 8 种逻辑可能来区分脱钩的不同状态，见表 5-8。

表 5-8　　脱钩的 8 种状态

ΔD	ΔX	ΔY	脱钩状态
>1.2	>0	>0	扩张负脱钩
0.8～1.2	>0	>0	扩张连结
0～0.8	>0	>0	弱脱钩
<0	<0	>0	强脱钩

续表 5-8

ΔD	ΔX	ΔY	脱钩状态
>1.2	<0	<0	衰退脱钩
0.8～1.2	<0	<0	衰退连结
0～0.8	<0	<0	弱负脱钩
<0	>0	<0	强负脱钩

5.3.2 中国城镇经济与能源消费的脱钩实证

(1) 指标选取及数据来源

下面将脱钩的概念引入城镇化进程中经济增长与能源消费的研究。由于城镇化的特征表现为第二、第三产业的集聚，将第二和第三产业的产值加总得到城镇的经济产出值(UG)。在能源消费方面，用第二、第三产业的能源消费量和城镇居民生活能源消费进行加总，得到城镇的能源消费总量(EC)。两者的脱钩关系可以用公式(5-19)表示。

$$\Delta D_t = \Delta EC_t / \Delta UG_t = \frac{EC_t - EC_0}{EC_0} \Big/ \frac{UG_t - UG_0}{UG_0} \tag{5-19}$$

对应的 8 种脱钩状态见图 5-7。

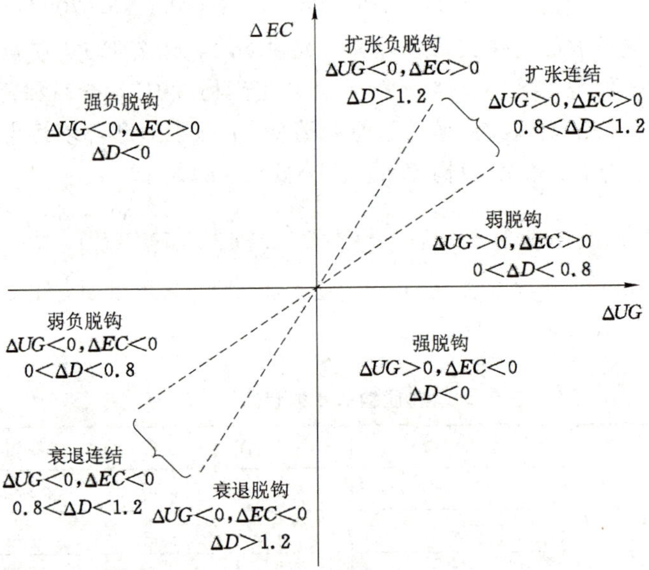

图 5-7 城镇经济增长与能源消费的脱钩状态

最有利的状态为位于第四象限的“强脱钩”，该状态下城镇经济增速为正，相对的能源消费增速为负，既保证了经济水平的提升又不导致能源环境压力的上升，是城镇化发展的理想状态；相反，在第二象限的“强负脱钩”状态下，能源消费持续增加而经济水平不升反降，这是城镇化发展最为不利的情况。第一象限中的 3 个状态下城镇经济和能源消费同时增加，但增长速度不同：“弱脱钩”描述了经济增长速度大于能源消费速度的情境；“扩张负脱钩”表示经济能源消费增速大于经济增速的状态；“扩张连结”状态下两者增速相近——3 种状态中“弱脱钩”相对较为有利。第三象限中城镇经济增长和能源消费以不同的速度同时出现负增长，都不是城镇化发展的理想状态。

研究的时间范围为 1980 年至 2012 年，第二及第三产业的产出值用 1978 年不变价表示，单位为万元，经《中国统计年鉴 2013》相关数据计算得出；产业能源消费及城镇居民生活能源消费量取标准量，单位为万吨标准煤，数据来源于历年《中国能源统计年鉴》。

（2）城镇整体经济增长与能源消费脱钩计算

据式(5-19)对中国 1980 年至 2012 年间城镇经济增长和城镇能源消费的增长速度和两者间的脱钩关系进行计算，所得结果见表 5-9。

表 5-9　1980～2012 年中国城镇经济增长与能源消费增速及脱钩结果

年份	ΔEC	ΔUG	ΔD	状态
1980～1985	0.307	0.743	0.413	弱脱钩
1985～1990	0.292	0.546	0.535	弱脱钩
1990～1991	0.051	0.120	0.429	弱脱钩
1991～1992	0.055	0.180	0.308	弱脱钩
1992～1993	0.063	0.172	0.367	弱脱钩
1993～1994	0.062	0.160	0.391	弱脱钩
1994～1995	0.068	0.126	0.543	弱脱钩
1995～1996	0.060	0.113	0.533	弱脱钩
1996～1997	−0.010	0.106	−0.095	强脱钩
1997～1998	−0.041	0.087	−0.465	强脱钩
1998～1999	−0.018	0.085	−0.208	强脱钩
1999～2000	0.139	0.095	1.464	扩张负脱钩
2000～2001	−0.042	0.090	−0.468	强脱钩
2001～2002	0.070	0.100	0.701	弱脱钩

续表 5-9

年份	ΔEC	ΔUG	ΔD	状态
2002～2003	0.159	0.117	1.361	扩张负脱钩
2003～2004	0.162	0.108	1.502	扩张负脱钩
2004～2005	0.176	0.121	1.450	扩张负脱钩
2005～2006	0.087	0.136	0.640	弱脱钩
2006～2007	0.097	0.153	0.634	弱脱钩
2007～2008	0.041	0.100	0.405	弱脱钩
2008～2009	0.052	0.098	0.533	弱脱钩
2009～2010	0.060	0.115	0.524	弱脱钩
2010～2011	0.072	0.100	0.714	弱脱钩
2011～2012	0.040	0.080	0.505	弱脱钩

从表 5-9 中可以看出，在 1980 年至 2012 年期间，城镇的经济一直保持正向增长，脱钩结果全部落在纵坐标右侧。在 1996 年至 1999 年及 2000 年至 2001 年两个时间段，城镇能源消费出现了负增长，相应的脱钩状态为“强脱钩”。在 1999 年至 2000 年，2002 年至 2005 年期间，城镇能源消费的增长速度超过了经济增长速度，表现为“扩张负脱钩”状态。其余年份城镇经济增长均保持比城镇能源消费较快的增长速度，即呈“弱脱钩”状态。

(3) 城镇产业增长与能源消费脱钩计算

分别计算城镇第二产业和第三产业的增长值与产业能源消费之间的脱钩关系，结果见表 5-10。

表 5-10　　1980～2012 年城镇产业增长与能源消费脱钩结果

年份	ΔD_2	第二产业脱钩状态	ΔD_3	第三产业脱钩状态
1980～1985	0.509	弱脱钩	0.490	弱脱钩
1985～1990	0.585	弱脱钩	0.591	弱脱钩
1990～1991	0.409	弱脱钩	0.892	扩张连结
1991～1992	0.324	弱脱钩	0.672	弱脱钩
1992～1993	0.315	弱脱钩	1.603	扩张负脱钩
1993～1994	0.440	弱脱钩	0.049	弱脱钩
1994～1995	0.672	弱脱钩	−0.481	强脱钩
1995～1996	0.360	弱脱钩	1.152	扩张负脱钩

续表 5-10

年份	ΔD_2	第二产业脱钩状态	ΔD_3	第三产业脱钩状态
1996～1997	−0.083	强脱钩	0.607	弱脱钩
1997～1998	−0.541	强脱钩	1.199	扩张负脱钩
1998～1999	−0.492	强脱钩	0.962	扩张连结
1999～2000	1.585	扩张负脱钩	1.457	扩张负脱钩
2000～2001	−0.609	强脱钩	−0.159	强脱钩
2001～2002	0.620	弱脱钩	0.632	弱脱钩
2002～2003	1.332	扩张负脱钩	1.397	扩张负脱钩
2003～2004	1.579	扩张负脱钩	1.647	扩张负脱钩
2004～2005	1.448	扩张负脱钩	1.393	扩张负脱钩
2005～2006	0.719	弱脱钩	0.736	弱脱钩
2006～2007	0.561	弱脱钩	0.511	弱脱钩
2007～2008	0.418	弱脱钩	0.400	弱脱钩
2008～2009	0.502	弱脱钩	0.614	弱脱钩
2009～2010	0.495	弱脱钩	0.906	扩张连结
2010～2011	0.614	弱脱钩	1.127	扩张连结
2011～2012	0.316	弱脱钩	1.236	扩张负脱钩

表 5-10 中 ΔD_2 和 ΔD_3 分别为第二产业和第三产业增长与能耗的脱钩值。由表 5-10 可知，第二产业和第三产业的脱钩结果全部位于第一象限和第四象限，即产业增长直保持正增长。表 5-9 和表 5-10 进行对照，发现第二产业的脱钩趋势与城镇整体经济脱钩趋势一致，在各年份出现的脱钩状态相同。第三产业的脱钩情况波动相对较大，在 10 个时间区间表现出弱脱钩，8 个时间区间表现为扩张负脱钩，3 个时间区间为扩张连结，还有 2 个时间区间表现为强脱钩。这说明第二产业除个别年份外产值增长速度一直大于产业能耗增长速度，而第三产业的产值增速与能耗增速交替上升。

(4) 中国城镇化进程中经济增长与能源消费的脱钩状态分析

从表 5-10 的数据中可以看出，除个别年份外，中国城镇的经济增长与能源消费整体处于“弱脱钩”的状态，说明城镇的经济和能源消费绝对量都在持续上升，而经济增长的速度快于能源消费的增长速度。在出现“强脱钩”的 1996 年至 1999 年以及 2000 年至 2001 年，城镇经济增长比往年稍有放缓，而能源消费量有所降低，可能的原因是在此期间整体经济受到亚洲金融危机的波及出现减速，与出口高度相关的高耗能产业受到冲击，生产用能减少；同时，国家于1996年出台政策，关停了一批效率低、能耗污染大的小企业，通过淘汰落后产能降低了能源消费。在出现“扩张弱脱钩”的1999年至2000年及2002年至2005年，城镇的经济增长速度与历年持平，而能源消费量大幅上升，可能的原因是金融危机后国际经济复苏，国内的高能耗产业及投资的反弹引致能源消费迅速增加。

产业是城镇发展的支撑，从城镇化的发展规律中可以看出，工业的发展推动了城镇的产生和发展，城镇化进程和工业化进程密切联系；城镇化过程中人口的聚集、工业和居民需求的变化催生了第三产业的发展，与此同时第三产业的发展进一步增强城镇的吸纳能力，进一步推动城镇化的发展。在中国城镇化的过程中，第二和第三产业的总量和比重都发生了显著的变化，如图5-8所示。

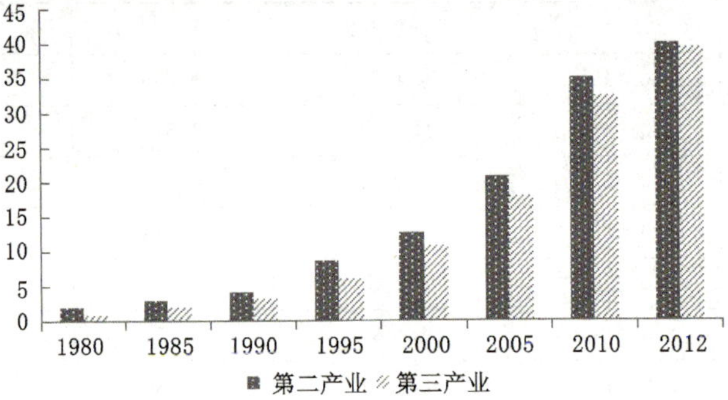

图5-8 1978年价第二和第三产业生产总值(单位：千亿元)

两者的产值比重已经由1980年的2.23：1上升到了2012年末的1.02：1，第三产业的增长速度随城镇化进程不断加快。目前第二产业与第三产业的产值已基本持平，而两者对能源的依赖程度和所消耗的能源量差异十分明显，如图5-9所示。

从图5-9可知，第二产业一直是城镇范围内最大的能源消费部门，占城镇能源消费的70%以上，占比呈先增后减的倒“U”型趋势，在1995年左右达到最高值占比将近80%，后稍有降低，至2012年底占城镇总体能源消费的72.9%，第三产业的能源消费占比逐渐增加，从1995年至2000年间开始超过了居民能源消费，成为城镇的第二大能源消费部门，至2012年底占城镇能源消费总量的15.96%。第二和第三产业产值几乎相等而所消耗的能源量差异大，主要原因在于两者的能源强度差异明显，见图5-10。

从图5-10可以看出第二产业的能源强度远高于第三产业，城镇总体能源强度位于两个产业之间。不论是城镇总体还是两个产业，能源强度都随时间有了明显的下降，说明在城镇化进程中随着技术水平的提高和增长方式的优化，城镇

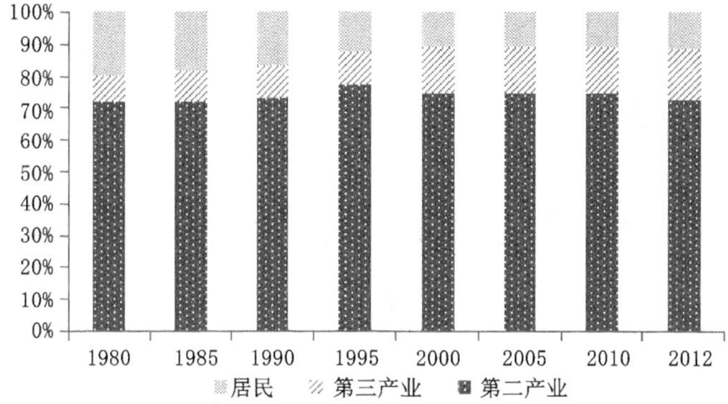

图 5-9　城镇能源消费构成变化趋势

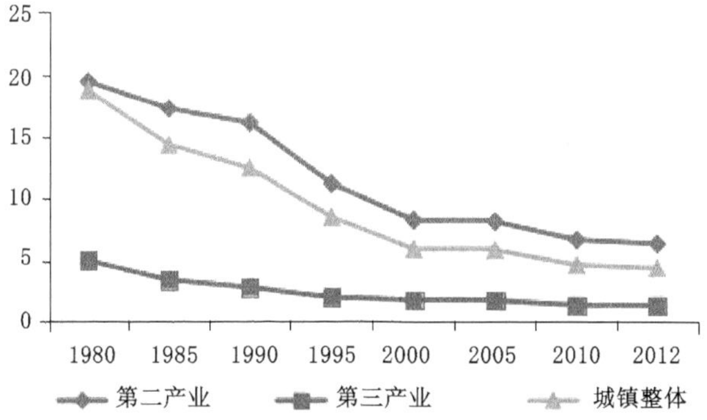

图 5-10　1980～2012 年城镇及产业能源强度变化趋势

整体和第二、第三产业的能源效率都在不断提高。但与发达国家相比，整体经济和产业发展对能源的依赖依然较强，城镇的经济和产业发展都没有达到"强脱钩"的理想发展状态。

第6章

城镇化与能源消费的协同演化

第3至第5章已经分析了城镇化和能源消费内部各个因素间复杂的相互影响及两者之间的作用机制。本章将从系统的视角，结合协同学知识，分析城镇化与能源消费组成的复合系统的演化规律和演化状态。

6.1 城镇化与能源消费的复合系统及其自组织进化

6.1.1 城镇化与能源消费的复合系统

（1）城镇化与能源消费复合系统

第二章分析中国城镇化与能源消费不协同现象时，发现传统城镇化与能源消费不协同的症结在于不重视两者的内在相互联系，将城镇的发展与能源等资源环境割裂开来，没有用系统的观点考虑城镇化的进程，导致传统城镇化发展理念和发展方式上存在偏差。要解决传统城镇化与能源消费不协同的问题，首先需要将城镇化过程与其资源环境基础纳入复合系统中综合考虑，在理清两者内在关系的基础上转变城镇化的发展理念和发展方式，促进两者协同发展。

能源消费是自然资源系统的有机组成部分，而城镇化发展是人工经济社会系统的子系统。能源既是城镇化发展的基础也是其制约条件：人类通过能源的消费获取城镇生产和生活所需的能量，无论是工厂的运转、汽车火车的运行，还是居民取暖、照明、烹饪，都伴随着各类能源的消费。而在现有技术水平下，可消费的能源是稀缺的，煤炭、石油、天然气等化石能源不可再生，新能源开发利用程度不高，一旦过量的消费超过能源系统承载能力，能源的稀缺性会通过价格机制反映出来，城镇发展会相应受到制约。同时，化石能源的消费过程伴生的碳排放也给城镇的生态环境系统带来压力。

城镇化的发展对能源消费系统产生着巨大的影响：人口的集聚和城镇空间的拓展带动了基础设施的建设，进而推动能源消费量的上涨；生活水平的改善和消费模式的变化拉动能源消费量的增加；集聚效应的发挥带来技术的进步，提升了清洁能源的开发利用能力，改变了能源消费结构也促进了能源效率的提高。

城镇化与能源消费之间复杂的相互关系可以用图 6-1 来表示。

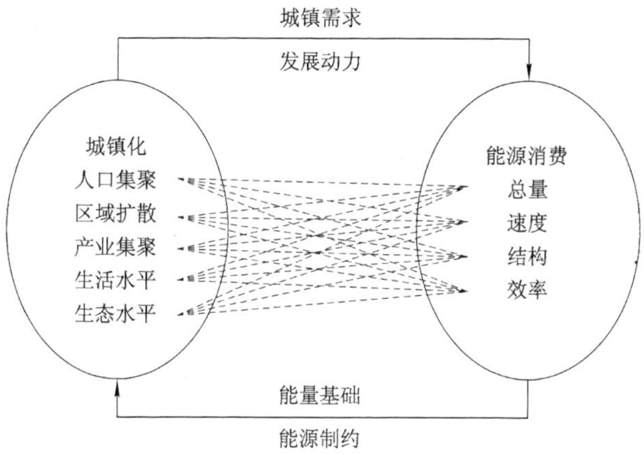

图 6-1 城镇化和能源消费复杂关系图

从图 6-1 中可以看出，城镇化与能源消费中包含的不同要素之间存在错综复杂的紧密联系，能源消费对城镇化而言既是基础也是制约，城镇化的发展又同时对能源消费产生积极和消极的影响。两者之间联系紧密、相互作用，为了简化这种相互关系，可将能源消费与城镇化发展看作一个复合系统中的两个子系统进行研究。这两个子系统既有其矛盾的一面，又有统一的一面，所组成的复合系统的发展过程可以用系统理论进行分析。

(2) 复合系统的自组织演化

演化(evolution)的概念源于生态学领域，又称为进化，原指在不同代之间生物的差异现象，以及用于解释此现象的各种理论，指渐进的变化和事物长时间的发展过程。目前，演化的概念广泛应用于各个学科和领域，并且形成了演化经济学，但在经济学中对于演化的概念至今没有达成一致的意见，原因主要是其概念本身的多样性及模糊性。从经济学角度，演化更多地强调经济系统变化的过程，主要包括两方面的含义：一是指事物由简单到复杂，由低级到高级的发展过程；二是演变的渐进性和前进性。从上述含义可知，演化的过程是长期的、方向是向前发展的。系统的演化用于描述系统从一种平衡与稳定状态向另一种平衡与稳定状态转化的过程，在此过程中，系统各主体的功能、结构、各主体间的相互联系以及系统与外部环境的相互作用状况发生根本性变化，使之呈现出新的宏观态势。

哈肯认为系统自组织可以定义为：如果一个系统在没有受到外界的特定干涉的情况下，可以实现空间、时间或功能的结构的变化过程，则可以认为系统是自组织的。自组织系统可以理解为不需要外界特定指令而能够自行组织、产生与演化的系统，是能够自主地由无序向有序、由低级向高级转变的有序的系统。

系统的自组织演化，指在一定条件下，一个开放、非平衡、非线性系统，通过与外界交换物质、能量、信息，结合内部各要素的相互作用触发各种涨落，再由子系统间的竞争、协同关系和相互间的正反馈机制，将系统中的微涨落放大为巨涨落，并进一步通过自创生、自扩张、自稳定、自适应等自组织形式，最终实现从无序到有序、从低级有序到高级有序的转变。也就是说，系统的自组织演化就是一个系统自主自发地从简单到复杂、从无序到有序、有序程度不断提高的过程。

从城镇化发展过程和能源消费的演变历史可以发现，随着经济和社会的发展，城镇的形态、形式，能源消费的规模、结构都在不断发生着变化，在此过程中，两者组成的复合系统的内部结构、相互关系、行为特征也随之不断变化。可见，城镇化与能源消费组成的复合系统，系统的结构、状态、特性、行为、功能等都会随时间推移而发生变化，复合系统内新的关联关系不断产生，是一个动态的演化系统。

作为一个整体的、具有相对独立性的系统，城镇化与能源消费所组成的复合系统的发展过程和进程符合自组织理论中系统演化的相关特性，因此，运用自组织理论对城镇化与能源消费组成的复合系统进行分析是适用的。

6.1.2 城镇化与能源消费复合系统演化的自组织过程

根据自组织理论，对城镇化和能源消费组成复合系统，其结构的每一次演化都是原有结构丧失稳定性进而建立起新的有序结构的过程，其中既有以量变为主的渐变，同时也包括发生质变的突变。下面通过复合系统的稳定性和失稳，对复合系统的自组织过程进行分析：

(1) 城镇化与能源消费复合系统的稳定性

稳定用于表示在出现各种干扰时，系统的结构或者状态具有的保持或者恢复的能力。与一般系统类似，城镇化与能源消费构成的复合系统的稳定性主要表现为系统的基本结构和状态变量的平均值能够在一定条件下保持均衡。但这种稳定只是代表了一个长时间范围内状态变量的平均值，并不表示复合系统的状态变量是一成不变的。实际情况是，由于城镇化和能源消费的复杂性，系统的状态变量在任一时间点上都是变化的，这种变化表现为宏观状态变量值连续不断地偏离其均衡水平。由于这种偏离客观存在、不可避免，是系统自发产生的，因此在自组织理论中，将这种对宏观状态的偏离称为复合系统的涨落。式(6-1)可以用于描述涨落：

$$X(t) = \overline{X} + x(t) \tag{6-1}$$

式(6-1)中，$x(t)$为涨落，$\overline{X}$是复合系统的即时的状态变量的平均值。涨落分为微涨落和巨涨落。城镇化与能源消费复合系统的状态变量在一段时间内保持均衡,此时复合系统的结构和各种内部关系均相对不变或者变化甚小,复合系统整体上是稳定的。但对复合系统的局部状态而言,其内部的波动是始终发生的,这种涨落即表现为城镇化与能源消费复合系统内部的微小的波动,并不会影响系统整体的稳定性,在复合系统演化过程中上述涨落称为微涨落。相对而言,在一定条件下由微涨落演化而成的、导致复合系统结构的稳定状态发生改变的被称为巨涨落,巨涨落出现时则出现系统失稳的状态。

(2) 城镇化与能源消费复合系统的失稳

虽然微涨落总是存在的,但其并不会打破原有城镇化与能源消费复合系统存在的秩序,相应地,由于其稳定状态没有改变,复合系统的不会实现结构的演化和升级。也就是说,只有系统失稳才能引发城镇化与能源消费复合系统演化过程的质变。

随着复合系统偏离程度的加大,系统会呈现出高度不稳定的状态,当系统的偏离达到一定的临界值时,微涨落在系统失稳的临界点上被放大,转化成巨涨落。此时原有城镇化与能源消费复合系统的平衡被打破,相应的原系统结构模式无法维持,新的有序结构随之产生。此过程即复合系统从一个有序向另一个有序状态的演变过程,实现了复合系统从原来的状态向新的状态的演化。从上述分析可知,复合系统结构的转换,即系统自组织的实现,就是通过临界点上涨落的出现,以及复合系统实现新的稳定实现的。

综合上述,复合系统的自组织演化过程可由图6-2表示。

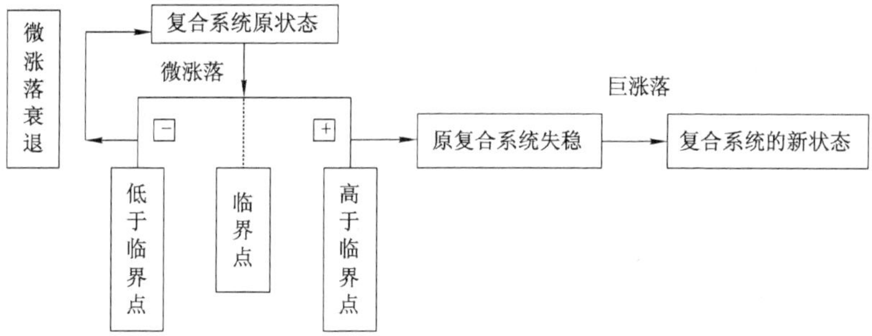

图6-2 复合系统自组织演化过程

从图6-2可知,城镇化与能源消费复合系统的自组织演化即原有结构的消亡和新的稳定结构产生的过程。在一定条件下,复合系统的平衡状态参数达到一定的阈值范围时,复合系统出现不稳定状态,如果此时微涨落转化为巨涨落,失稳状态就会逐步进化到新的稳定平衡态。由此通过涨落机制,复合系统依靠自身的自组织特性可以实现系统的状态演化。

6.1.3 城镇化及能源消费子系统的构成

第二章中城镇化子系统划分为人口集聚及城镇区域拓展、产业集聚及发展、生活水平及质量提升和生态文明建设四个三级子系统,并由 13 个指标对其进行刻画,各指标的权重见表 6-1。

表 6-1 城镇化子系统构成指标及权重

变量名称	符号	归一化权重	变量名称	符号	归一化权重
城镇常住人口比	u_1	0.081	恩格尔系数	u_8	0.074
建成区面积比	u_2	0.081	每万人公交车数	u_9	0.081
城镇人口密度	u_3	0.076	燃气普及率	u_{10}	0.08
第二三产业就业人数比	u_4	0.081	人均公园绿地面积	u_{11}	0.08
第二三产业占 GDP 比	u_5	0.078	污水排放量	u_{12}	0.073
第三产业增加值指数	u_6	0.079	二氧化硫排放量	u_{13}	0.057
城镇居民家庭人均可支配收入	u_7	0.079			

对能源消费子系统,参考张鹤丹等人(2006)和蔡嗣经等人(2009)对城市能源指标体系和能源可持续发展的构建及评价方法,将能源消费系统从消费规模、消费增长速度、消费结构和消费效率四个层面进行刻画,如表 6-2 所示。

表 6-2 能源系统的测度指标

符号		二级指标	三级指标
消费系统	消费规模	消费总量	e_1
		人均消费量	e_2
	消费增长速度	消费增长速度	e_3
		消费/生产比	e_4
	消费结构	煤炭占比	e_5
		天然气占比	e_6
		非化石能源占比	e_7
	消费效率	能源消费弹性系数	e_8
		能源强度	e_9
		能源加工转换效率	e_{10}

能源消费的规模用能源消费总量(e_1)和人均能源消费量(e_2)来表示，其中 e_1 为总量指标，描述能源消费的总体规模；e_2 为人均指标，表示总体能源消费水平。用能源消费增长速度(e_3)和能源消费与能源生产比(e_4)表示能源消费的增长情况，其中 e_3 描述现有能源消费的增长趋势，而 e_4 则通过消费量与产量相比，代表以后一段时间能源消费增长可能受到的限制。能源消费的结构特征用煤炭占消费总量比重(e_5)，天然气占消费总量比重(e_6)，水电、核电及其他占消费总量比重(e_7)等 3 个指标进行描述，其中煤炭消费比重 e_5 表示主要化石能源中相对不清洁的煤炭的消费结构，天然气占比 e_6 代表主要化石能源中相对最为清洁的天然气的结构，e_7 是风能、水能、核能等非化石新能源所占的比重。能源消费弹性系数(e_8)、能源强度(e_9)和能源加工转换效率(e_{10})这 3 个指标用于表示能源效率，其中 e_8 用来表示能源消费增速与 GDP 增速的比值(值越大能源消费效率越低)，能源强度 e_9 是增加单位 GDP 消耗的能源(取值越大能源效率越低)，e_{10}是能源加工转换过程中能源产品产出与投入之比(值越大能源效率越高)。

基于数据的可得性，对中国能源系统的测度时间范围选定为 1989 年至 2012 年，研究数据主要来源于统计资料或经统计资料中的数据计算得出。统计数据出自各年份《中国统计年鉴》和《中国能源统计年鉴》。

由于各个指标的数据级或单位存在差异，为了消除其造成的影响，首先将各个指标的数据 X_{ij} 进行标准化处理：$Z_{ij}=(X_{ij}-X_j)/\sigma_j$，使用标准化后的数据 Z_{ij} 进行后续的分析。

然后进行 KMO 值和 Bartlett 球形度检验，验证所选数据是否适合做因子分析，如图 6-3 所示。对 KMO 检验，当系数值小于 0.5，说明指标或检验结果不可靠，不适应进行因子分析；当值在 0.5 至 0.7 之间时，处于可接受状态；当系数值在 0.7 至 0.8 之间时，表示各指标内部一致性较高，较适合进行因子分析；当系数值大于 0.8 时，说明适合进行因子分析。

表 6-3　　能源消费子系统指标因子分析适应性检验

检验项目		检验结果
取样足够的 Kaiser-Meyer-Olkin 检验		0.738
Bartlett 的球形度检验	近似卡方	501.881
	df	45
	显著性	0.000

由表 6-3 可知，KMO 值和 Bartlett 球体检验的结果显示出，KMO 值为 0.738，表明所得数据适合做因子分析，同时 Bartlett 球形检验近似卡方值为

501.881，检验对应的显著性值为 0.000，小于显著性水平 0.05，可得相关系数矩阵与单位矩阵之间存在显著性差异，表明所得调查数据之间具有相关性。

由表 6-4 可知，第一个主成分的特征值为 6.671，约占总方差的 66.711%；第二个主成分的特征值为 1.823，约占总方差的 18.226%；从第 3 个主成分开始，每个主成分的特征值均小于 1，方差贡献率也明显减小。根据主成分分析法，前个主因子的方差贡献率特已经接近 85%，说明在对能源系统的指标进行分析时，主成分分析方法的降维效果十分明显，前 2 个主因子保留原始数据绝大部分的信息。但由于此处进行主成分分析的目的是求权重而非降维，因此取前 3 个第 1 个主因子（累积贡献率 92.315）。然后逐步计算原始指标值的主成分因子得分、系数值和归一化的权重，结果见表 6-5。

表 6-4　　能源消费子系统各指标特征值及方差贡献率

因子	初始特征值			提取平方和载入		
	总计	占方差的/%	累加/%	总计	占方差的/%	累加/%
1	6.671	66.711	66.711	6.671	66.711	66.711
2	1.823	18.226	84.937	1.823	18.226	84.937
3	0.738	7.377	92.315	0.738	7.377	92.315
4	0.392	3.916	96.23			
5	0.242	2.418	98.648			
6	0.086	0.856	99.505			
7	0.027	0.266	99.77			
8	0.014	0.145	99.915			
9	0.008	0.085	100			
10	0.000	0.000	100			

表 6-5　　能源消费子系统各主成分因子得分

指标	因子 1 得分	因子 2 得分	因子 3 得分	因子 1 系数	因子 2 系数	因子 3 系数
e_1	0.954	−0.058	0.267	0.369	−0.043	0.311
e_2	0.947	−0.055	0.286	0.367	−0.041	0.333
e_3	0.348	0.922	−0.065	0.135	0.683	−0.076
e_4	0.883	0.057	−0.263	0.342	0.042	−0.306

续表 6-5

指标	因子 1 得分	因子 2 得分	因子 3 得分	因子 1 系数	因子 2 系数	因子 3 系数
e_5	−0.854	0.102	0.321	−0.330	0.076	0.373
e_6	0.862	−0.146	0.452	0.334	−0.108	0.526
e_7	0.928	−0.244	−0.015	0.359	−0.181	−0.018
e_8	0.238	0.930	0.153	0.092	0.689	0.178
e_9	−0.882	−0.021	0.423	−0.341	−0.016	0.492
e_{10}	0.892	−0.072	−0.041	0.345	−0.053	−0.048

据第 2 章中的公式(2-3)，三个主成分的得分分别可以表示为式(6-2)：

$$
\begin{aligned}
F_1 &= 0.369\times e_1+0.367\times e_2+0.135\times e_3+0.342\times e_4-0.330\times e_5+0.334\times e_6+0.359\times e_7+0.092\times e_8-0.341\times e_9+0.345\times e_{10}\\
F_2 &= -0.043\times e_1+0.042\times e_2-0.041\times e_3+0.683\times e_4+0.076\times e_5-0.108\times e_6-0.181\times e_7+0.689\times e_8-0.016\times e_9-0.053\times e_{10}\\
F_3 &= 0.311\times e_1-0.306\times e_2+0.333\times e_3-0.076\times e_4+0.373\times e_5+0.526\times e_6-0.018\times e_7+0.178\times e_8+0.492\times e_9-0.048\times e_{10}
\end{aligned}
\tag{6-2}
$$

继续计算各指标在多成分模型中的综合系数值以及归一化后得到的权重，结果可由表 6-6 表示。

表 6-6　能源消费子系统各指标权重及最终权重

指标	符号	模型系数	归一化权重
消费总量	e_1	0.283	0.120
人均消费量	e_2	0.284	0.120
消费增长速度	e_3	0.226	0.096
消费/生产比	e_4	0.231	0.098
煤炭占比	e_5	−0.194	0.082
天然气占比	e_6	0.262	0.111
非化石能源占比	e_7	0.223	0.094
能源消费弹性系数	e_8	0.217	0.092
能源强度	e_9	−0.211	0.089
能源加工转换效率	e_{10}	0.235	0.099

据表(6-6)和第2章中公式(2-4),各年份中国能源系统的综合得分可以由式(6-3)计算得出:

$$I_m = 0.283\times e_1 + 0.284\times e_2 + 0.226\times e_3 + 0.231\times e_4 - 0.194\times e_5 + 0.262\times e_6 + 0.223\times e_7 + 0.271\times e_8 - 0.211\times e_9 + 0.235\times e_{10} \tag{6-3}$$

由表6-6可知,在对各个指标进行归一化后,各个指标对能源系统的影响程度由大到小的排序为:消费总量=人均消费量>天然气占比>能源加工转换效率>消费/生产比>消费增长速度>非化石能源占比>能源消费弹性系数>能源强度>煤炭占比。

6.2 城镇化与能源消费的协同进化状态

6.2.1 城镇化和能源消费系统的协同关系模型

协同进化,指的是整个复合系统的自适应进化过程,即构成复合系统的多个子系统局部相互作用的进化过程。这个过程可以用 logistic 增长模型来描述,见式(6-4):

$$\frac{\mathrm{d}X}{\mathrm{d}t} = \alpha X(1-X) \tag{6-4}$$

式(6-24)中 X 为复合系统的发展水平,α 为复合系统的增值系数。方程右端随时间增长的因子 X 称为动态因子,随时间减小的因子$(1-X)$称为减速因子。两个因子共同作用于复合系统的进化过程。

复合系统的协同进化过程就是其子系统之间形成有序结构的过程,有序结构的形成依赖于序参量之间的协同。协同学中的序参量是为描述系统整体行为而引入的宏观参量,起到双重作用:既来源于子系统之间的协同,同时又起着支配子系统行为的作用。系统 S 的序参量可以用变量集 $u_i=\{u_{i1},u_{i2},\cdots,u_{in}\}$来表示,$u_{ij}(1<j<n)$是第 i 个序参量的第 j 个指标,其有序度用 φ_{ij} 表示。有序度用于描述系统协调与同步的程度,有序度越高说明系统的协同程度越高,对效益型指标,取值越大有效度越高;对成本型指标,取值越小有效度越高。由此,序参量 u_{ij} 的有序度 φ_{ij} 可以用式(6-5)表示:

$$\varphi_{ij} = \begin{cases} \dfrac{u_{ij}-u_{i\min}}{u_{i\max}-u_{i\min}}, u_{ij}\ \text{为效益型指标} \\ \dfrac{u_{i\max}-u_{ij}}{u_{i\max}-u_{i\min}}, u_{ij}\ \text{为效益型指标} \end{cases} \tag{6-5}$$

式(6-5)中 $u_{i\max}$ 和 $u_{i\min}$ 分别代表第 i 个序参量的上限值和下限值,可见 $\varphi_{ij}\in[0,1]$。对各个序参量的有序度进行集成就可以得到系统整体的有序度 φ_{ij},

表达式如下：

$$\varphi_i = f(\varphi_{i1}, \varphi_{i2}, \cdots, \varphi_{in}) \tag{6-6}$$

6.2.2　城镇化和能源消费系统的有序度评价

（1）城镇化与能源消费复合系统的协同进化

用 U 和 E 分别代表城镇化子系统和能源消费子系统，两个子系统各自的进化符合 Logistic 方程。将两个子系统纳入同一复合系统中考虑，两者之间存在竞争合作关系，复合系统的协同进化模型为：

$$\begin{cases} \dfrac{\mathrm{d}U}{\mathrm{d}t} = Y_1 = f_1(U,E) = \alpha_1 U(1-U+\beta_{12}E) \\ \dfrac{\mathrm{d}U}{\mathrm{d}t} = Y_2 = f_2(U,E) = \alpha_2 U(1-E+\beta_{21}E) \end{cases} \tag{6-7}$$

式(6-7)中，U 和 E 分别代表城镇化子系统和能源消费系统的有序度发展水平。α_1、α_2 分别表示城镇化与能源消费子系统的增值系数，用来描述复合系统中两个子系统各自的发展程度，代表城镇化子系统和能源消费子系统产生的效益，在系统进化的条件下 $\alpha_i>0$。β_{12} 表示能源消费子系统对城镇化子系统的竞争影响系数，而 β_{21} 代表城镇化子系统对能源消费子系统的竞争影响系数。当 $\beta_{ij}>0$ 时，说明子系统 j 的进化不利于子系统 i 的发展，子系统 i 的发展水平受到了子系统 j 发展的限制，也就是说两个子系统之间是一种竞争关系；当 $\beta_{ij}<0$ 时，子系统 j 的进化有利于子系统 i 的发展，两个子系统之间呈现一种合作关系。

在由城镇化子系统和能源消费子系统构成的复合系统中，系统稳定状态由稳定点决定。寻找稳定点需要首先对进化方程组(6-7)的平衡点进行判断。

令 $f_1(U,E)=0$，$f_2(E,U)=0$，得出以下四个平衡点：$A_1(0,0)$，$A_2(0,0)$，$A_3(1,0)$ 和 $A_4\left(\dfrac{1-\beta_{12}}{1-\beta_{12}\beta_{21}}, \dfrac{1-\beta_{21}}{1-\beta_{12}\beta_{21}}\right)$。

微分方程的平衡点 (U_0, E_0) 稳定与否由 l 和 k 决定，根据 l 和 k 的计算公式，$l=-\left[\dfrac{\partial f_1(U_0,E_0)}{\partial U_0}+\dfrac{\partial f_2(U_0,E_0)}{\partial E_0}\right]$，$k=\begin{vmatrix} \dfrac{\partial f_1(U_0,E_0)}{\partial U_0} & \dfrac{\partial f_1(U_0,E_0)}{\partial E_0} \\ \dfrac{\partial f_2(U_0,E_0)}{\partial U_0} & \dfrac{\partial f_2(U_0,E_0)}{\partial U_0} \end{vmatrix}$，可得四个平衡点稳定性的计算公式，见表 6-7。

表 6-7 城镇化与能源消费复合系统平衡点及其计算公式

平衡点(U_0,E_0)	l	E
$A_1(0,0)$	$l=-(\alpha_1+\alpha_2)$	$k=\alpha_1\alpha_2$
$A_2(0,1)$	$l=-\alpha_1(1-\beta_{12})+\alpha_2$	$k=-\alpha_1\alpha_2(1-\beta_{12})$
$A_3(0,1)$	$l=-\alpha_2(1-\beta_{21})+\alpha_1$	$k=-\alpha_1\alpha_2(1-\beta_{21})$
$A_4\left(\frac{1-\beta_{12}}{1-\beta_{12}\beta_{21}},\frac{1-\beta_{21}}{1-\beta_{12}\beta_{21}}\right)$	$l=\frac{\alpha_1(1-\beta_{12})+\alpha_2(1-\beta_{21})}{1-\beta_{12}\beta_{21}}$	$k=\frac{\alpha_1\alpha_2(1-\beta_{12})+\alpha_2(1-\beta_{21})}{1-\beta_{12}\beta_{21}}$

当 $l>0$ 且 $k>0$ 时，平衡点(U_0,E_0)稳定；当 $l<0$ 且 $k<0$ 时，平衡点(U_0,E_0)不稳定。由于系统的发展方向与稳定点相对应，通过四个平衡点的稳定性分析，可以判断系统的状态，结果见表 6-8。

表 6-8 城镇化与能源消费复合系统稳定性及系统状态分析

平衡点	l,k	稳定性	系统状态
A_1	$l<0,k<0$	不稳定	—
A_2	$l>0,k>0(\beta_{12}>1$ 时)	稳定Ⅰ	U 消亡
	$l<0,k<0(\beta_{12}<1$ 时)	不稳定	
A_3	$l>0,k>0(\beta_{21}>1$ 时)	稳定Ⅱ	E 消亡
	$l<0,k<0(\beta_{21}<1$ 时)	不稳定	—
A_4	$l>0,k>0$	稳定	—
	$[(\beta_{12}<1\cap\beta_{21}<1)\cup(\beta_{12}>1\cap\beta_{21}>1)]$	稳定Ⅲ	U、E 共存
	$l<0,k<0$(除上述情况)	不稳定	—

稳定点对应着系统的发展方向。共存在 3 个稳定状态，稳定时可以分析相应的系统状态：在稳定状态Ⅰ下，即 $A_2(0,1)$且 $\beta_{12}>1$ 时，城镇化子系统有序度出现负增长并最终消亡；在稳定状态Ⅱ下，即 $A_3(1,0)$且 $\beta_{21}>1$ 时，能源消费子系统有序度出现负增长并最终消亡；在稳定状态Ⅱ下，即 A_4 且 β_{12} 和 β_{21} 同时大于 1 或同时小于 1 时，城镇化和能源消费子系统的有序度共同增长，两个子系统共存。

在状态Ⅰ和状态Ⅱ下，复合系统整体关系为替代关系，此时城镇化和能源子系统发展无法协同：对状态Ⅰ，能源消费制约城镇化子系统发展且无法改进，导致城镇化子系统最终灭亡；对状态Ⅱ，城镇化过程破坏能源消费子系统且无法改进，导致能源消费系统最终灭亡。在状态Ⅲ下，复合系统整体存在竞争合作关系，此时城镇化和能源消费子系统在生存和发展过程中存在竞争但又相互合作，共同向一个稳定的结构状态 A_4 发展。

根据城镇化子系统和能源消费子系统各序参量的具体值以及中两个子系统各年度的整体有序度，可以对方程组(6-7)中的 α_i 和 β_{ij} 进行估计。选用最小二乘法进行计算，根据误差的平方和最小这一准则，用公式(6-8)至(6-11)求解。

$$\hat{\alpha}_1 = \frac{-\sum_{i=1}^{n}[Y_{1i}U_i(1-U_i)]\sum_{i=1}^{n}(E_i^2U_i^2)+\sum_{i=1}^{n}[U_i^2(1-U_i)E_i]\sum_{i=1}^{n}(U_iE_iY_{1i})}{-\sum_{i=1}^{n}[U_i^2(1-U_i)^2]\sum_{i=1}^{n}(E_i^2U_i^2)+\left\{\sum_{i=1}^{n}[U_i^2(1-U_i)E_i]\right\}^2} \tag{6-8}$$

$$\hat{\beta}_{12} = \frac{\sum_{i=1}^{n}[U_i^2(1-U_i)E_i]}{\sum_{i=1}^{n}(E_i^2U_i^2)} - \frac{\sum_{i=1}^{n}(U_iE_iY_{1i})}{\hat{\alpha}_1\sum_{i=1}^{n}(E_i^2U_i^2)} \tag{6-9}$$

$$\hat{\alpha}_2 = \frac{-\sum_{i=1}^{n}[Y_{2i}E_i(1-E_i)]\sum_{i=1}^{n}(E_i^2U_i^2)+\sum_{i=1}^{n}[E_i^2(1-E_i)U_i]\sum_{i=1}^{n}(U_iE_iY_{2i})}{-\sum_{i=1}^{n}[E_i^2(1-E_i)^2]\sum_{i=1}^{n}(E_i^2U_i^2)+\left\{\sum_{i=1}^{n}[E_i^2(1-E_i)U_i]\right\}^2} \tag{6-10}$$

$$\hat{\beta}_{21} = \frac{\sum_{i=1}^{n}[E_i^2(1-E_i)U_i]}{\sum_{i=1}^{n}(E_i^2U_i^2)} - \frac{\sum_{i=1}^{n}(U_iE_iY_{2i})}{\hat{\alpha}_2\sum_{i=1}^{n}(E_i^2U_i^2)} \tag{6-11}$$

(2) 子系统指标权重及有序度计算

求子系统的总有序度，需要先求出两个子系统的各个序参量的有序度，并用线性加权法求和，即将公式(6-6)具体化为公式(6-12)：

$$\varphi_i = \sum_{i=1}^{n}\omega_i\varphi_{ij} \tag{6-12}$$

对数据进行收集整理之后，据式(6-12)分别求两个子系统的各个序参量的有序度，再通过对上文求出的各指标权重线性加权求子系统的总有序度，结合式(6-5)和式(6-12)，可以计算出各年份城镇化和能源消费子系统的有序度，见表6-9。

表 6-9　　1989 至 2012 年城镇化与能源消费子系统有序度

年份	*U* 有序度	*E* 有序度	年份	*U* 有序度	*E* 有序度
1989	0.135 6	0.468 8	2001	0.439 6	0.666 7
1990	0.121 0	0.525 8	2002	0.480 6	0.615 6
1991	0.144 6	0.499 5	2003	0.519 5	0.455 6
1992	0.171 9	0.497 3	2004	0.547 6	0.434 7
1993	0.198 8	0.500 4	2005	0.570 1	0.485 5
1994	0.221 5	0.486 7	2006	0.647 0	0.472 0
1995	0.196 2	0.556 2	2007	0.705 2	0.469 2
1996	0.228 9	0.594 4	2008	0.743 0	0.552 6
1997	0.268 1	0.646 7	2009	0.790 0	0.536 5
1998	0.301 0	0.636 9	2010	0.825 8	0.589 1
1999	0.344 0	0.580 7	2011	0.855 3	0.552 0
2000	0.380 2	0.595 3	2012	0.892 3	0.629 1

对城镇化子系统和能源子系统有序度在 1989 年到 2012 年间的变化趋势进行分析，可以得到图 6-3。

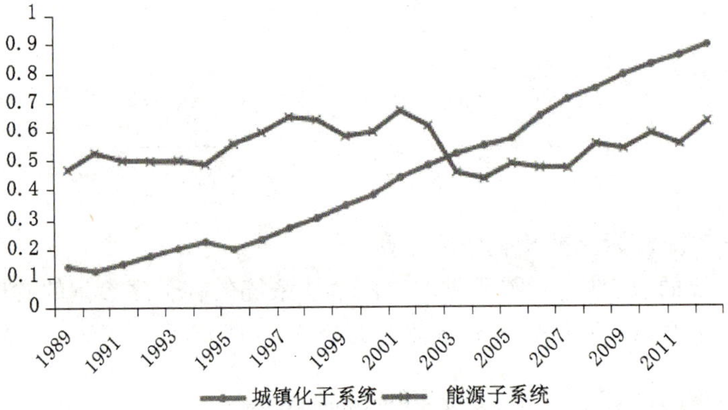

图 6-3　1989 至 2012 年城镇化和能源消费子系统有序度变化趋势

如图 6-3 所示，城镇化子系统有序度总体呈上升趋势，除了在 1989 年和 1995 年左右出现小幅波动以外，其余年份都呈现出明显的增长趋势。表明在城镇化子系统中，效益型序参量对子系统的影响大于费用型序参量，子系统内部协同程度在所选的研究时段内总体逐步上升。

能源消费子系统的有序度变化幅度较大，即能源消费子系统中效益型序参量和费用型序参量对子系统的影响交替上升，先后经历了自 1989 至 1994 年基本持平、1995 至 1998 年快速上升、1999 年至 2000 年小幅下降、2001 年达到最高点后急速下跌、2004 年降至最低点后波动上升几个阶段。对波动明显的几个时间段进行分析，发现波动原因如下：1995 年至 1998 年，能源消费总量基本不变，能源增长速度最慢，同期消费结构变化不大但消费效率提升明显，因此期间子系统有序度快速上升；2001 年至 2004 年，能源消费结构和消费效率稍有改进，但同期能源消费总量增速过快，导致期间有序度明显下降；2005 年至 2012 年，能源消费总量增长较快，而能源结构的改善和能源效率的提升也较为明显，因此期间有序度在波动中上升，整体呈改善趋势。

有了子系统的有序度，根据方程组(6-8)至(6-12)，可以对复合系统的增值系数 α_i、竞争系数 β_{ij} 和平衡点及稳定性进行估计，得到的估计值见表 6-10。

表 6-10　城镇化与能源消费复合系统协同进化模型系数求解

指标	α_i	β_{ij}
城镇化子系统	0.103 4	−0.552 2
能源消费子系统	0.019 2	−0.319 5
$A_1\left(\frac{1-\beta_{12}}{1-\beta_{12}\beta_{21}},\frac{1-\beta_{21}}{1-\beta_{12}\beta_{21}}\right)$	(1.552,1.602)	
$l=\frac{\alpha_1(1-\beta_{12})+\alpha_2(1-\beta_{21})}{1-\beta_{12}\beta_{21}}$	0.225 6	
$k=\frac{\alpha_1\alpha_2(1-\beta_{12})(1-\beta_{21})}{1-\beta_{12}\beta_{21}}$	0.004 9	

由表 6-10 可知，$\beta_{12}<1$，$\beta_{21}<1$，可见在 1989 年至 2012 年间复合系统呈现竞争合作关系，城镇化子系统和能源消费子系统相互竞争同时相互合作，向稳定点 A_4 进化，将 α_i 和 β_{ij} 值带入 A_4 的表达式进行计算，得稳定点为 A_4(1.552，1.602)。该点为以现有条件、按照当前模式进化，复合系统中城镇化子系统和能源消费子系统发展的极限值。

$\beta_{21}<0$，$\beta_{22}<0$ 表明在 1989 年至 2012 年间城镇化子系统与能源消费子系统之间的合作关系大于竞争关系，城镇化子系统的有序发展有利于能源消费子系统的进化，而能源消费子系统的有序发展也促进了城镇化子系统的进化，两者表现出相互促进的协同作用。$\alpha_1>0$，$\alpha_2>0$，说明在观测期内，城镇化和能源消费子系统在复合系统的作用下都处于进化状态，但两个子系统进化速率都偏小(分别为 0.103 4 和 0.019 2)，相对而言城镇化子系统进化速率稍大于能源消费子系统。

6.3 城镇化与能源消费的复合系统协调度分析

(1) 城镇化与能源消费复合系统的协调状态及协调度

上文分别计算了城镇化子系统和能源子系统的有序度，并对两者的协同进化关系作出了分析，本节将两者及其关系作为一个复合系统来考虑，假定这个系统只有城镇化——$f(U)$和能源消费——$f(E)$两个元素，按照贝塔兰菲的一般系统理论，当$f(U)$和$f(E)$为整个系统的主导部分时，复合系统演化方程的形如式(6-13)：

$$\begin{cases} A = \dfrac{\mathrm{d}f(U)}{\mathrm{d}t} = \alpha_1 f(U) + \alpha_2 f(E) \\ B = \dfrac{\mathrm{d}f(E)}{\mathrm{d}t} = \beta_1 f(U) + \beta_2 f(E) \end{cases} \tag{6-13}$$

在式(6-13)中，A和B分别为受到自身和外来影响下城镇化子系统和能源子系统的演化状态，在复合系统中A和B相互影响，两者任何一方的变化都会导致整个复合系统的变化。在受到子系统自身和外界的影响下，两个子系统演化速度分别为：

$$V_A = \frac{\mathrm{d}A}{\mathrm{d}t}, V_B = \frac{\mathrm{d}B}{\mathrm{d}t} \tag{6-14}$$

由于城镇化—能源复合系统中只含$f(U)$和$f(E)$这两个元素，所以当$f(U)$和$f(E)$相互协调时，复合系统是协调发展的。而复合系统的演化速度V可以视为V_A与V_B的函数，即有$V=f(V_A,V_B)$，据此可以将城镇化子系统的演化速度V_A和能源系统的演化速度V_B视为控制变量，通过分析V的变化来研究复合系统以及$f(U)$和$f(E)$的协调关系，主要步骤如下：

首先需要建立关于V的简单模型：整个系统的演化满足 Logistic 曲线发展机制，城镇化发展速度的变化是周期性的，能源消费受到城镇化发展的影响也出现周期性的变化。由于每个周期内复合系统的演化速度V的变化是由V_A和V_B引起的，所以可以在二维平面(V_A,V_B)中分析复合系统的演化速度V，即用V_A和V_B为变量建立坐标系，此时V的变化轨迹为坐标系中的椭圆，由于上节中验证出城镇化子系统的演化速度大于能源子系统，因此V_A为长轴、V_B为短轴，复合系统的演化轨迹如图 6-4 所示。

由图 6-4 可知，α为V_A和V_B的夹角，有$\tan\alpha=V_B/V_A$，可以得到式(6-15)：

$$\alpha = \arctan\frac{V_B}{V_A} \tag{6-15}$$

由夹角α的值可以确定城镇化子系统$f(U)$和能源消费子系统$f(E)$的协调

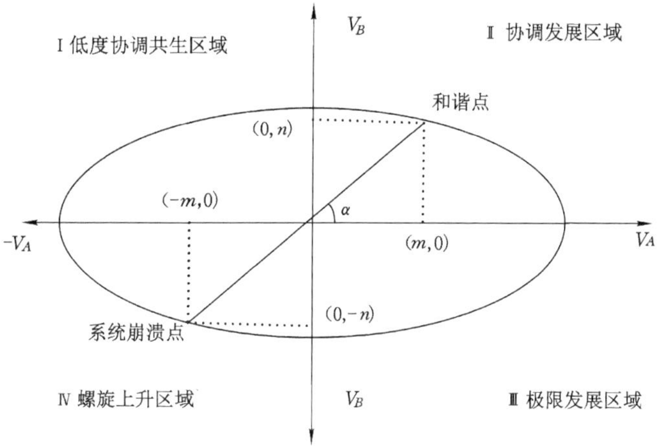

图 6-4　城镇化与能源消费复合系统演化轨迹

程度以及整个复合系统的演化状态，如表 6-11 所示。

表 6-11　城镇化与能源消费复合系统演化协调状态

α/(°)	V_A	V_B	位置	复合系统协调状态
90～180	<0	>0	第二象限 Ⅰ	低度协调共生
0～90	>0	>0	第一象限 Ⅱ	协调发展
270～360	>0	<0	第四象限 Ⅲ	极限发展
180～270	<0	<0	第三象限 Ⅳ	螺旋上升

表 6-11 列出了城镇化子系统 $f(U)$ 和能源消费子系统 $f(E)$ 的关系以及整个复合系统的协调状态。由第二象限开始，顺时针转动，共可分为四种状态：

状态Ⅰ位于第二象限，此时城镇化子系统增速为负，能源子系统增速为正，这种情况通常出现在城镇化初期，此时城镇化发展不受能源消费限制，复合系统处于低度协调共生阶段。

状态Ⅱ位于第一象限，此时城镇化子系统和能源子系统增速均为正，这种情况通常出现在城镇化低速发展期，此时城镇化与能源的相互作用逐渐明显，两者间的矛盾开始出现但尚不明显，复合系统处于协调发展阶段。

状态Ⅲ位于第四象限，此时城镇化子系统增速为正，能源子系统增速为负，这种情况通常出现在城镇化快速发展期，此时随着城镇化的快速推进，能源消费压力日益加剧，两者间的矛盾日益凸显，复合系统处于极限发展阶段。此时，系统的演进有两种可能性。一是城镇化与能源消费间的矛盾不可调和，能源消费超过极限时复合系统崩溃；二是在各种缓解城镇化与能源消费间矛盾的措施下，复合系统内部关系不断向良性发展，向状态Ⅳ演进。

状态Ⅳ位于第三象限，此时城镇化子系统和能源子系统增速均为负，这种情况通常出现在城镇化发展后期，在此状态下城镇化与能源消费之间经过调整和磨合，经历自组织过程，进入新的演化周期，复合系统处于螺旋上升阶段，其发展趋势见图 6-5。

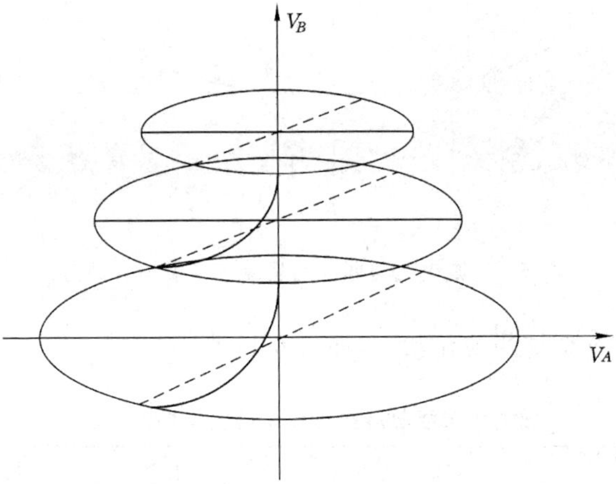

图 6-5　复合系统螺旋上升轨迹

通过上述对城镇化与能源复合系统协同状态的分析，可以发现两者的协调以及不协调是一个过程，可以通过调整城镇化子系统和能源消费子系统的演化速度来实现两者的协调发展。根据系统稳定性理论，复合系统协调—不协调的过程就是逐渐集中化与逐渐分解的过程，此过程中量变的积累导致子系统的突变，在系统演化方程(6-13)的作用下，任何一个元素的变化都会引起另一个元素的相应变化，从而导致复合系统的崩溃。据图 6-5 和表 6-11，城镇化和能源复合系统的崩溃是在点 $\alpha=270°$ 即 $V_B=0$ 且 $V_A<0$ 时。此点为能源系统演变中的一个突变点，可以根据对城镇化与能源消费的变化进行预测，然后通过对资源环境与经济进行调节和控制，研究实现复合系统协调发展的方式。

(2) 中国城镇化与能源消费复合系统协调度实证

确定演化方程(6-13)中的 A 和 B，首先求对城镇化子系统和能源消费子系统的表达式 $f(U)$ 和 $f(E)$。通过上文求出的两个子系统各年份的有序度进行拟合，可以得到图 6-6 和图 6-7。

根据图 6-6 和图 6-7 可知有式(6-16)：

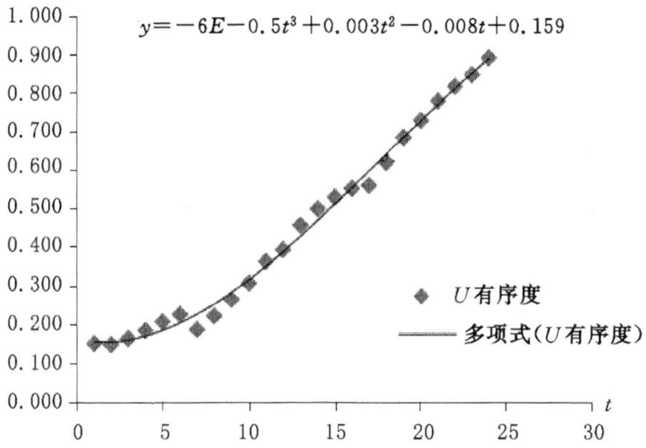

图 6-6　城镇化子系统有序度变化趋势

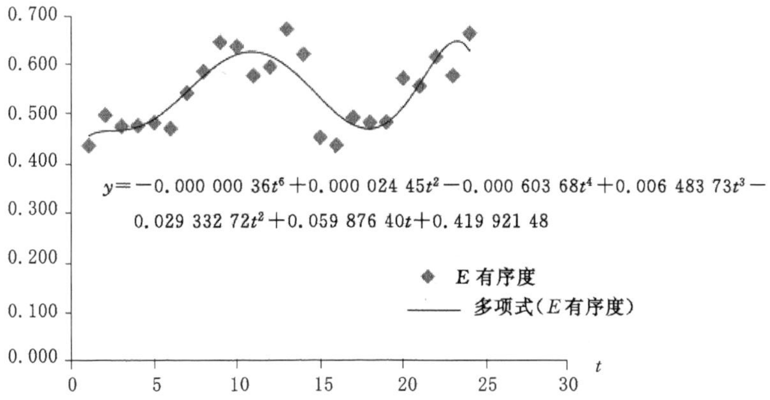

图 6-7　能源消费子系统有序度变化趋势

$$\begin{cases} f(U) = -0.000\,005t^3 + 0.003t^2 - 0.008t + 0.159 \\ f(E) = -0.000\,000\,36t^3 + 0.000\,024\,4t^5 - 0.000\,604t^4 + 0.006\,484t^3 - \\ \qquad 0.029\,33t^2 + 0.05\,988t + 0.419\,9 \end{cases} \tag{6-16}$$

由式(6-16)可得演化方程可以表示为式(6-17)：

$$\begin{cases} A = \dfrac{\mathrm{d}f(U)}{\mathrm{d}t} = -0.000\,015t^2 + 0.006t - 0.008 \\ B = \dfrac{\mathrm{d}f(E)}{\mathrm{d}t} = -0.000\,002\,16t^5 + 0.000\,122t^4 - 0.002\,42t^3 + \\ \quad 0.019\,45t^2 - 0.058\,7t + 0.059\,88 \end{cases} \tag{6-17}$$

进而可以根据$V_A=\frac{dA}{dt}$，$V_B=\frac{dB}{dt}$求出V_A和V_B的值，见表 6-12。

表 6-12　　1989 至 2012 年城镇化和能源消费子系统进化速度

年份	A	B	V_A	V_B
1989	−0.002	0.017 718	0.005 97	−0.026 58
1990	0.003	0.001 653	0.005 94	−0.006 21
1991	0.008	0.000 41	0.005 91	0.004 961
1992	0.013	0.005 97	0.005 88	0.009 207
1993	0.018	0.012 437	0.005 85	0.008 55
1994	0.022	0.015 79	0.005 82	0.004 751
1995	0.025	0.013 625	0.005 79	−0.000 69
1996	0.028	0.004 907	0.005 76	−0.006 52
1997	0.031	−0.010 28	0.005 73	−0.011 77
1998	0.034	−0.031	0.005 7	−0.015 7
1999	0.036	−0.055 69	0.005 67	−0.017 85
2000	0.038	−0.082 43	0.005 64	−0.018 02
2001	0.040	−0.109 2	0.005 61	−0.016 26
2002	0.041	−0.134 11	0.005 58	−0.012 88
2003	0.042	−0.155 69	0.005 55	−0.008 45
2004	0.042	−0.173 09	0.005 52	−0.003 8
2005	0.042	−0.186 38	0.005 49	−0.000 023
2006	0.042	−0.196 77	0.005 46	0.001 535
2007	0.041	−0.206 89	0.005 43	−0.000 73
2008	0.040	−0.221	0.005 4	−0.008 7
2009	0.039	−0.245 29	0.005 37	−0.024 49
2010	0.037	−0.288 11	0.005 34	−0.050 48
2011	0.035	−0.360 2	0.005 31	−0.089 33
2012	0.032	−0.474 99	0.005 28	−0.1439 3

据式(6-14)得到V_A和V_B的值后，发现 1989 至 2012 年期间中国城镇化子系统的演化速度V_A始终为正，而能源消费子系统的演化速度V_B除了在个别年份(1991 至 1994 年，2006 年)以外，多数为负。对照表 6-12 可以得到各年份的角度、所处的象限以及符合系统对应的协同发展状态，见表 6-13。

表 6-13　　1989 至 2012 年城镇化与能源消费复合系统协同发展状态

年份	V_B/V_A	度数	位置	状态
1989	−4.452 73	282.657 5	第四象限Ⅲ	极限发展
1990	−1.045 25	313.732 5	第四象限Ⅲ	极限发展
1991	0.839 459	40.012 07	第一象限Ⅱ	协调发展
1992	1.565 85	57.436 45	第一象限Ⅱ	协调发展
1993	1.461 538	55.619 66	第一象限Ⅱ	协调发展
1994	0.816 357	39.226 74	第一象限Ⅱ	协调发展
1995	−0.118 62	353.235 3	第四象限Ⅲ	极限发展
1996	−1.1320 8	311.455	第四象限Ⅲ	极限发展
1997	−2.053 54	295.964 4	第四象限Ⅲ	极限发展
1998	−2.754 39	289.953 8	第四象限Ⅲ	极限发展
1999	−3.148 99	287.617 9	第四象限Ⅲ	极限发展
2000	−3.195 89	287.375	第四象限Ⅲ	极限发展
2001	−2.898 89	289.032 3	第四象限Ⅲ	极限发展
2002	−2.308 39	293.422 4	第四象限Ⅲ	极限发展
2003	−1.522 52	303.297 1	第四象限Ⅲ	极限发展
2004	−0.688 55	325.450 6	第四象限Ⅲ	极限发展
2005	−0.004 15	359.762 1	第四象限Ⅲ	极限发展
2006	0.281 172	15.704 5	第一象限Ⅱ	协调发展
2007	−0.135 32	352.293 4	第四象限Ⅲ	极限发展
2008	−1.611 11	301.827 4	第四象限Ⅲ	极限发展
2009	−4.559 93	282.369 3	第四象限Ⅲ	极限发展
2010	−9.453 33	276.038 5	第四象限Ⅲ	极限发展
2011	−16.822 4	273.401 9	第四象限Ⅲ	极限发展
2012	−27.259 2	272.100 9	第四象限Ⅲ	极限发展

从表 6-13 中可以看出，中国 1989 至 2012 年期间城镇化与能源消费组成的复合系统除少数年份出现协调发展以外，整体处于极限发展的状态，即此时期内城镇化总体上处于快速推进的阶段，对能源消费产生的压力较大，两者之间存在的矛盾十分明显。

在 1989 至 1990 年，城镇化子系统进化速度为正，能源子系统进化速度为负，V_B与V_A的夹角α落在第四象限，但能源子系统进化速度逐渐向 0 靠近，α有向第一象限转动的趋势。从 1991 年开始，能源子系统进化速度由负转正，复合系统呈现短暂的协调发展状态。从 1995 年起能源消费子系统的进化速度又降为负且持续减小，至 2000 年达到最小值后逐渐增大，2005 年时 α 值接近 360°。能源消费子系统的进化速度在 2006 年短期升为正值，其后迅速下降。2006 年起 α 快速向第三象限转动，接近临界点 270°，复合系统逐步到达其极限发展。

到 2012 年 α 为 272°，此时为城镇化与能源消费复合系统进化的关键时期，如果城镇化与能源消费间的矛盾不可调和，一旦能源消费超过极限复合系统将发生崩溃；如果能够采取各种措施以缓解城镇化与能源消费间矛盾，促使两者关系向良性发展，复合系统则可能通过自组织螺旋上升，进入新的进化周期。

经过上面的分析可知，目前中国正处在城镇化与能源消费复合系统进化的关键时期，需要采取一系列的措施调整城镇化子系统和能源消费子系统的演化速度来实现两者的协调发展。

第 7 章

城镇化与能源消费协同发展的路径优化

从前面章节分析可知，城镇化与能源消费是一个复杂系统，其演化和发展过程通过各要素之间相互作用实现。本章从具有因果反馈机制的系统角度入手，在城镇化与能源消费各要素间作用机制的基础上，设置优化路径并对不同优化情景进行对比和分析，探索城镇化与能源消费协同发展的路径。

7.1　城镇化与能源消费协同发展的路径分析

7.1.1　城镇化与能源消费协同发展优化思路

从第 6 章城镇化与能源消费协同演化状态分析中发现，目前城镇化和能源消费复合系统正处在系统极限发展阶段，未来能否协同发展存在较大的不确定性。而不协同的主要问题是能源消费子系统的演化速度慢，滞后于新型城镇化的发展要求，从而导致两者协同程度低。促进新型城镇化与能源消费协同发展，可以从推动能源消费子系统的演化速度入手。

能源消费子系统的演化受到其内部能源消费总量、能源消费结构、能源消费效率等各个变量的影响，通过调节各个变量，对效用型序参量实施刺激措施而对费用型序参量实施抑制措施，可以提高子系统的有序度，进而提升子系统的进化速度。

能源消费子系统中的变量又受到城镇化子系统中人口、产业、技术等不同因素的影响。因此，可以通过控制城镇化子系统中要素的变化，调节能源子系统的变量，促进能源消费子系统的演化，从而促进两者的协同发展，实现复合系统的优化。

上述的优化机制是一个动态、复杂的过程，需要在一个具有动态反馈机制系统环境下进行。

7.1.2　路径优化分析方法——系统动力学概述

（1）系统动力学的原理及适用性分析

系统动力学(System Dynamics,以下简称为SD)由美国麻省理工学院Jay W. Forrester教授于1956年创立。作为系统工程和现代管理科学的重要分支,SD以系统论、信息论、控制论和计算机技术为基础,用于分析和研究系统内部结构、信息反馈、系统功能与行为间动态的辩证关系,是一门分析研究信息反馈系统的定量方法。SD将系统定义为一个多重信息的因果反馈机制,依据系统的状态、控制以及反馈等环节反映实际系统的因果关系及其动态机制,利用计算机技术对系统进行解构、历史与功能等方面的分析。由于其能够在信息不完备的条件下通过仿真实验求解复杂问题,SD被誉为研究复杂系统"战略和策略的实验室",其运行原理可由图7-1表示。

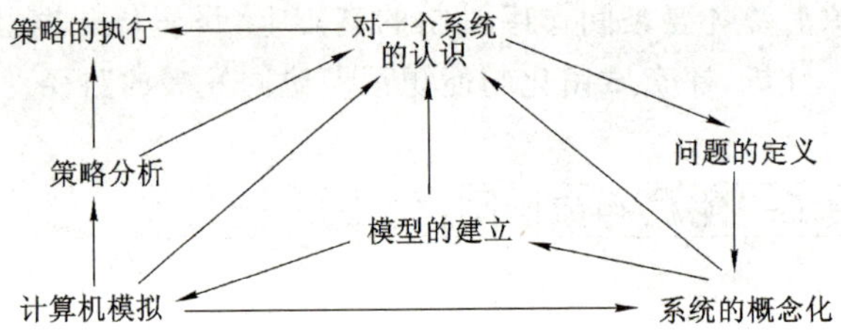

图7-1 SD运行原理

SD本身反映的是一种多层次、非线性、多回路的因果反馈结构,由于其具有开放性、复杂性的特点,所以SD系统内部的复杂程度不亚于真实的情景模拟。由于具有上述特点,SD结合各种约束力与动力,通过界定系统边界,从系统整体出发对现实中的经济变量及政策变量进行简化,在提升模型精准度的同时,使系统问题变得更清晰。

自20世纪80年代被引入中国后,由于其在处理复杂性、长期性、非线性、时变性、高阶次以及数据相对缺乏等问题中的实用性,SD在实践中得到了广泛应用,对研究社会、经济、资源复杂系统具有适用性。城镇化与能源消费协同发展问题涉及人口、经济、资源、环境多个领域,要素间作用复杂,适合用SD方法进行模拟分析。

(2) SD系统中的基本概念

SD用于对复杂系统的演变过程进行仿真及建模,兼容了管理学与系统学的知识。由于进行的是系统研究,其中包括错综复杂的关系,因此涉及一系列的基本概念,对主要的概念通过表7-1进行概括。

表 7-1　　SD 系统基本概念列表

基本概念	概念释义
因果关系	若要素 A 的变化能够引起要素 B 的变化，则称 A、B 之间存在因果关系，A 是 B 的原因，B 是 A 的结果。分为正向和负向因果关系
反馈回路	由系统中两个或两个以上变量，按照其因果关系，组成的闭合回路。分为正反馈回路和负反馈回路
流	表示系统动力学中的活动和行为，包括物流、人流、资金流、信息流等，用符号进行有向表示
累积	对流的动态描述，是流量在某个阶段的结果，通过系统中流量的输入输出之差得出
延迟	系统中的物流或信息流在从输入到输出路径中传递和响应过程，分为物质滞后和信息滞后
水平变量	系统中流的积累，是描述系统在某一特定时刻活动结果的状态变量
速率变量	系统中流的流动速度，描述水平变量变化过程及其控制的变量，包括流入速率和流出速率
辅助变量	介于水平变量和辅助变量之间，通常由人为设定
常量	不随时间变化而变动的固定量

（3）SD 模型数学描述

系统动力学用于描述系统的整体性和非线性，由于系统往往具有复杂的结构，为了对其进行清晰的描述，通常会将复杂系统拆分为若干个相互关联的子系统。再依据相互间的因果关系连接各系统表示为整体系统，可以用式(7-1)表示其模型关系：

$$\begin{cases} T = (S, R_{jk}) \\ R = \{S_i \mid i = I\} \\ R_{jk} = \{r_{jk} \mid j \in J, k \in K \text{ 且 } J + K = I\} \end{cases} \tag{7-1}$$

如式(7-1)所示，整体系统由 T 表示，其中的子系统表示为 S，R_{jk} 为描述各子系统间关系的关系矩阵。各子系统中应至少含有一个水平变态，子系统中的作用关系往往只有一部分是相对重要的。根据结构的不同，子系统可以分为良性结构和非良性结构。良性结构即可以直接用水平变量、速率变量、辅助变量及相关的函数表示的部分，可以表示为式(7-2)的形式：

$$\dot{\boldsymbol{L}} = \boldsymbol{KR}$$

$$\begin{pmatrix} \boldsymbol{R} \\ \boldsymbol{A} \end{pmatrix} = \boldsymbol{W} \begin{pmatrix} \boldsymbol{L} \\ \boldsymbol{A} \end{pmatrix} \tag{7-2}$$

上式中的 $\boldsymbol{L}$、$\boldsymbol{R}$ 和 $\boldsymbol{A}$ 分别表示水平变量、速率变量和辅助标量；$\dot{\boldsymbol{L}}$ 表示纯速率变量，$\boldsymbol{K}$ 为转移矩阵，$\boldsymbol{W}$ 为关系矩阵。式(7-2)用于描述同一时刻上变量 $\boldsymbol{R}$ 和 $\boldsymbol{L}$ 之间以及 $\boldsymbol{A}$ 本身的各种非线性关系。除了式(7-2)所表述的良性定量部分，对系统中不能采用数学函数加以精确描述的非良性结构，通常采用定性、半定性或半定量的方法进行处理。

(4) SD 模型建模的步骤

在运用系统动力学分析现实问题时，多数面临的是开放系统，此时应首先确定系统的边界，然后理清系统内部各个因果反馈关系并确定子系统之间的联结。找出影响因素并将列出方程式后，明确所出现的各类参数的类型并设定初始值，在此基础上进行模拟仿真。最后根据方程系数的变化设置对模型进行修正，确定其最终路径，提出切合实际的方案。具体建模步骤可由图 7-2 表示。

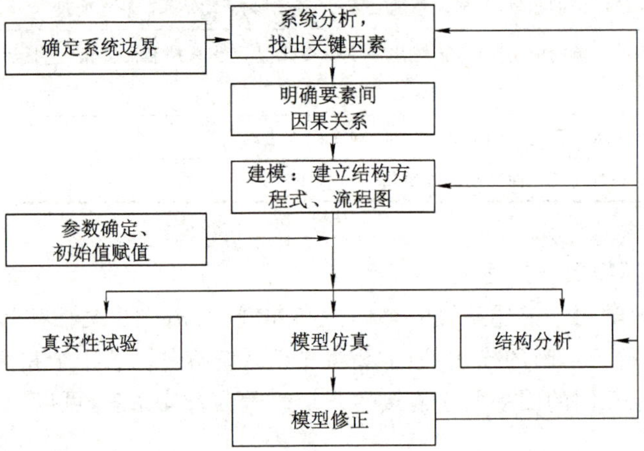

图 7-2　SD 主要实施步骤

7.2　城镇化与能源消费复合系统仿真模型的构建与分析

7.2.1　模型边界及因果关系分析

按照上文提到的 SD 模型建模步骤，首先需要对系统的边界进行界定。系统的有效运行离不开系统内部各模块（子系统）及其相互作用的支撑，在对城镇化与能源消费协同发展进行系统分析的过程中，需要保证整个系统是闭合的，明晰的系统边界十分重要。同时，对系统内部各个模块之间的划分也应该明确清晰，在此基础上才能对系统内各变量进行重新赋值。城镇化和能源消费构成了一个十分复杂的系统，其协同发展的水平受到多方面因素的影响，综合第 3 至第 6 章的分析，将系统的边界划定为城镇化及能源消费相关的人口、经济、产业以及生态要素。同时，政府通过各种行政手段对上述几个要素加以干预，会对整体系统的运行情况产生影响，由此，可以进行政策的模拟，并对各种政策的实施效果加以分析和比较。

系统边界确定后，开始因果关系分析。城镇化与能源消费是否能够协同发展取决于各模块之间的相互影响与反馈，为了更好地了解作用过程并找出各个要素之间是如何相互作用并反馈结果的，此处对城镇化与能源消费相关人口、经济、产业以及生态要素进行系统分析。对系统中主要要素因果关系的分析过程就是因果关系确立的过程：城镇人口增加导致非农产业就业人数的变动，进而影响产业产出；GDP 增长一方面导致产业产出的增加，另一方面带来人均 GDP 的提高，而这两方面分别引起能源消费量的增加；能源消费的增多带来负面的生态影响，降低人口向城镇的迁徙。图 7-3 为城镇化与能源消费复合系统因果图。

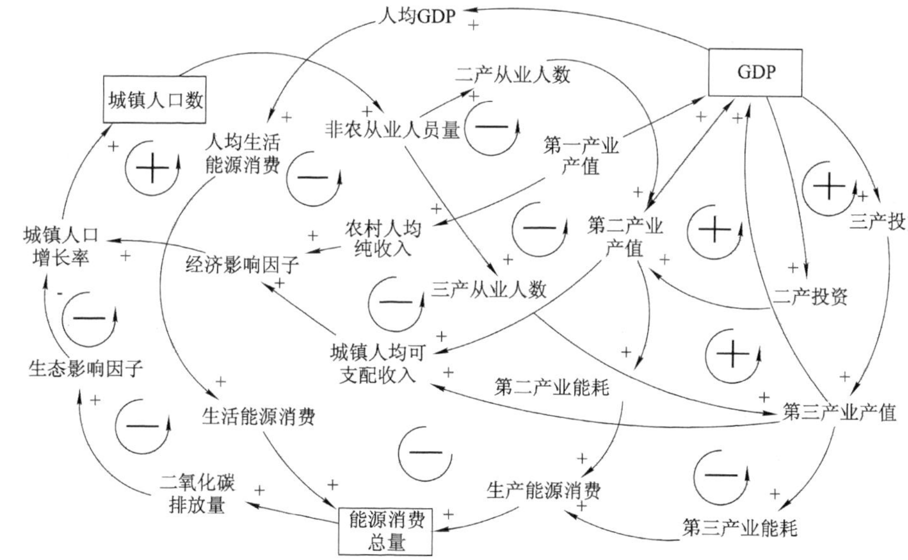

图 7-3　城镇化与能源消费复合系统要素因果图

从图 7-3 可知，城镇化与能源消费主要包含人口模块、能源消费模块和经济及产业模块，涉及的主要因素包括城镇人口数、产业从业人数、GDP、产业投资、生活能源消费、生产能源消费和能源消费总量等。

假设城镇人口增长率受到经济因子和生态因子的影响。经济影响因子取决于城乡的收入差距，城乡人均收入差别越大，人口越有动力由乡村向城镇转移；生态影响因子取决于城镇的生态环境，二氧化碳的排放量是其中重要因素之一，二氧化碳排量越大，生态破坏越严重，城镇的生存质量越差，人口向城镇迁移的意愿随之降低。

整个系统涉及的主要反馈回路如下：

城镇人口数↑→非农从业人员量↑→二产（三产）从业人数↑→第二（第三）产业产值↑→城镇人均可支配收入↑→经济影响因子↑→城镇人口增长率↑→城镇人口增加（正反馈回路）

城镇人口数↑→非农从业人员量↑→三产（二产）从业人数↑→第三（第二）产业产值↑→GDP↑→二产（三产）投资↑→第二（第三）产业产↑→城镇人均可支配收入↑→经济影响因子↑→城镇人口增长率↑→城镇人口增加（正反馈回路）

城镇人口数↑→非农从业人员量↑→二产（三产）从业人数↑→第二（第三）产业产值↑→GDP↑→三产（二产）投资↑→第三（第二）产业产值↑→第三（第二）产业能耗↑→生产能源消费↑→能源消费总量↑→二氧化碳排放量↑→生态影响因子↓→城镇人口增长率↑→城镇人口增加（负反馈回路）

能源消费总量↑→二氧化碳排放量↑→生态影响因子↓→城镇人口增长率↑→城镇人口数↑→非农从业人员量↑→二产（三产）从业人数↑→第二（第三）产业产值↑→第二（第三）产业能耗↑→生产能源消费↑→能源消费增加（负反馈回路）

能源消费总量↑→二氧化碳排放量↑→生态影响因子↓→城镇人口增长率↑→城镇人口数↑→非农从业人员量↑→三产（二产）从业人数↑→第三（第二）产业产值↑→GDP↑→二产（三产）投资↑→第二（第三）产业产值↑→第二（第三）产业能耗↑→生产能源消费↑→能源消费增加（负反馈回路）

GDP↑→二产（三产）投资↑→第二（第三）产业产值↑→GDP 增加（正反馈回路）

GDP↑→人均 GDP↑→人均生活能源消费↑→生活能源消费↑→能源消费总量↑→二氧化碳排放量↑→生态影响因子↓→城镇人口增长率↑→城镇人口数↑→非农从业人员量↑→二产（三产）从业人数↑→第二（第三）产业产值↑→GDP 增加（负反馈回路）

GDP↑→三产（二产）投资↑→第三（第二）产业产值↑→第三（第二）产业能耗↑→生产能源消费↑→能源消费总量↑→二氧化碳排放量↑→生态影响因子↓→城镇人口增长率↑→↑→城镇人口数↑→非农从业人员量↑→二产（三

产）从业人数↑→第二（第三）产业产值↑→GDP增加（负反馈回路）

7.2.2　模块分析

在因果分析的基础上，对城镇化与能源消费系统中的三个主要模块的流图、关系链及方程式进行分析：

（1）城镇人口模块

城镇人口模块主要包含城镇人口数、城镇人口增加、基期城镇人口增长率、城镇人口增长率、经济影响因子、农村人均纯收入、第一产业产值、城镇人均可支配收入、第二产业产值、第三产业产值、生态影响因子和二氧化碳排放量等几个指标，其SD流图如图7-4所示。

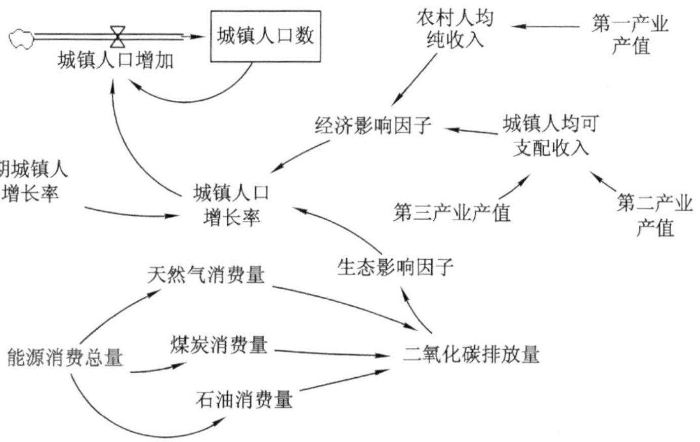

图7-4　城镇人口模块SD流图

在城镇人口模块中，主要因果关系如下：

基期城镇人口增长率↑→城镇人口增长率↑→城镇人口增加

第二产业产值（/第三产业产值）↑→城镇人均可支配收入↑→经济影响因子↑→城镇人口增长率↑→城镇人口增加

第一产业产值↑→农村人均纯收入↑→经济影响因子↑→城镇人口增长率↑→城镇人口增加

能源消费总量↑→煤炭消费量（/石油消费量/天然气消费量）↑→生态影响因子↓→城镇人口增长率↑→城镇人口增加

（2）能源消费模块

能源消费模块主要包含能源消费总量、能源消费增加、生活能耗增加、生活能源消费、人均生活能源消费、人均GDP、生产能耗增加、生产能源消费、第二产业能耗、第三产业能耗、第二产业能源强度和第三产业能源强度等几个指标，其SD流图如图7-5所示。

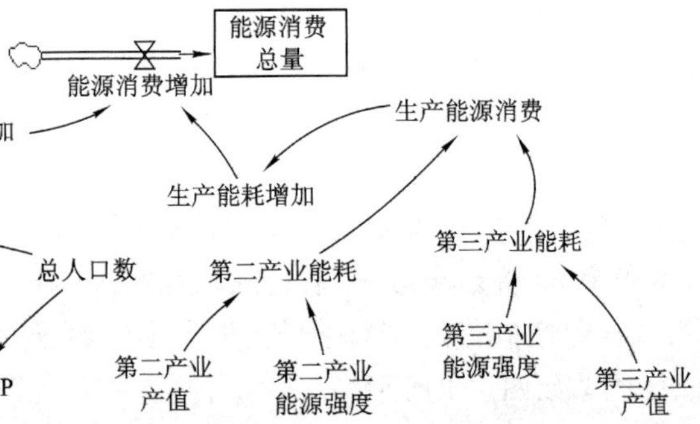

图7-5 能源消费模块SD流图

在能源消费模块中，主要因果关系如下：

总人口数↑→生活能源消费↑→生活能耗增加↑→能源消费增加

人均GDP↑→人均生活能源消费↑→生活能源消费↑→生活能耗增加↑→能源消费增加

第二产业产值↑→第二产业能耗↑→生产能源消费↑→生产能耗增加↑→能源消费增加

第二产业能源强度↓→第二产业能耗↑→生产能源消费↑→生产能耗增加↑→能源消费增加

第三产业产值↑→第三产业能耗↑→生产能源消费↑→生产能耗增加↑→能源消费增加

第三产业能源强度↓→第三产业能耗↑→生产能源消费↑→生产能耗增加↑→能源消费增加

(3) 经济及产业模块

经济模块主要包含GDP、GDP增加、一产增加值、二产增加值、第二产业产值、二产投资、二产从业人数、非农从业人员量、三产增加值、第三产业产值、三产投资和三产从业人数等几个指标，其SD流图如图7-6所示。

在经济子模块中，主要的因果关系如下：

一产增加值↑→GDP增加

城镇人口数↑→非农从业人员量↑→二产从业人数↑→第二产业产值↑→二产增加值↑→GDP增加

GDP↑→二产投资↑→第二产业产值↑→二产增加值↑→GDP增加

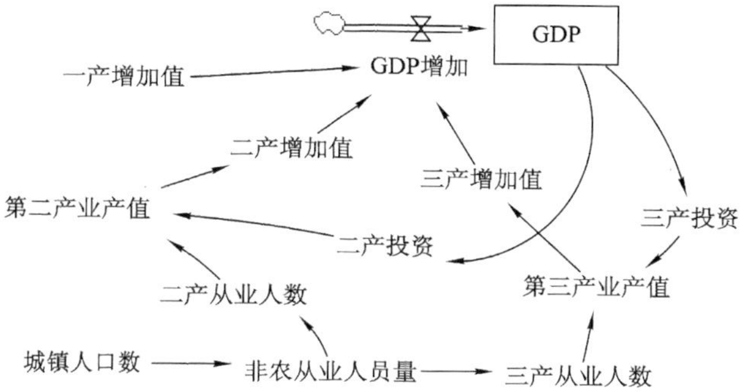

图 7-6　经济及产业模块 SD 流图

城镇人口数↑→非农从业人员量↑→三产从业人数↑→第三产业产值↑→二产增加值↑→GDP 增加

GDP↑→三产投资↑→第三产业产值↑→三产增加值↑→GDP 增加

以上三个模块相互作用，构成了一个闭合的回路，模块中的要素分别反映了城镇化和能源消费相关的人口、产业、经济、生态因素，其之间相互作用的过程影响城镇化和能源消费的协同发展。

7.2.3　系统主要变量及其参数估计

(1) 系统主要变量

根前文分析，在城镇化与能源消费系统动力模型中，所有变量可以分为水平变量、速率变量、辅助变量与常量几类，根据划分标准，本书的变量如表 7-2 所示。

表 7-2　城镇化与能源消费复合系统 SD 主要变量

变量类型	变量名称
水平变量	总人口数、城镇人口数、GDP、能源消费总量、第二产业能源强度、第三产业能源强度
速率变量	人口增加、人口减少、城镇人口增加、能源消费增加、一产增加值、GDP 增加、二产能强增长、三产能强增长
辅助变量及常量	二产投资、第二产业产值、三产投资、第三产业产值、第三产业能耗、第二产业能耗、二产从业人数、三产从业人数、生产能源消费、生活能源消费、农村人均纯收入、城镇人均可支配收入、非农从业人员量、煤炭消费量、石油消费量、天然气消费量、二氧化碳排放量、生态影响因子、经济影响因子、城镇人口增长率、一产增长率、一产增加值、二产增加值、三产增加值、三产能强增长率、二产能强增长率、生活能耗增加、生产能耗增加出生率、死亡率、基期城镇人口增长率、二产投资增长率、三产投资增长率

(2) 系统参数的估计

在SD模型调试过程中,参数的选择与确定需与模型运行相结合。此处通过模拟试验法来确定系统中各参数,具体方法是首先在参数值的变化范围内粗略地试用参数进行模型调试,至模型行为无显著变化时,即可确定该参数值。模型中的参数包括初始值、常数值和表函数等。为简化模型参数方便仿真,将那些随时间变化不十分显著的参数近似取为常数值。

本书在参数估计过程中主要采用了以下几种方法:

① 根据历史数据求其算术平均值或中位数,运用这类方法的指标主要有:出生率、死亡率、基期城镇人口增长率等。

② 据发展趋势推算,采用统计资料和所选公式按比例推算,运用这类方法的指标主要有:二产投资增长率、三产投资增长率、一产增长率、二产能强增长率、三产能强增长率。

③ 采用表函数确定参数,表函数在SD模型中用于描述变量之间的非线性关系,运用这类方法的指标主要有:第二产业产值、第三产业产值。如第二产业产值据柯布-道格拉斯函数由二产从业人数和二产投资计算得出。

④ 根据模型的参考行为特征结合专家评估估计参数值,运用这类方法的指标主要有:生态影响因子、经济影响因子。

7.2.4 模型要素流图分析

上文已经对城镇化和能源消费系统中各个要素间相互作用及活动的传导机制进行了分析,但并未区分各个要素之间的关系及传导效应的大小,也未详细划分各个指标的基本属性与特征。为了更加清晰地描述城镇化和能源消费系统各个要素相互之间积累效应与变化趋势,分析不同优化路径对系统各指标的影响,现依据上文的因果关系及方程进一步构建出各个变量间的系统动力学流图,如图7-7所示。

SD流图7-7反映了城镇化和能源消费系统内部各个因素之间的相互关系与信息反馈流程。就复合系统而言,人口城镇化率、能源消费总量和GDP为三个关键变量。人口城镇化率通过影响非农产业就业人数的变动,进而影响产业产出;GDP的变化影响产业产出和人均GDP的变动,进而引起能源消费量的变化;能源消费的增减带来不同的生态影响,进而影响人口向城镇迁徙的决策。由此各变量之间形成一个闭合的回路,通过对二产和三产就业人数比例、投资增长率等变量的控制,可以产生不同的模拟结果。可见,可以根据指标赋予的意义,通过运用多元统计分析等方法确定各指标之间的内部关系,并假设不同优化方案来进行系统模拟。

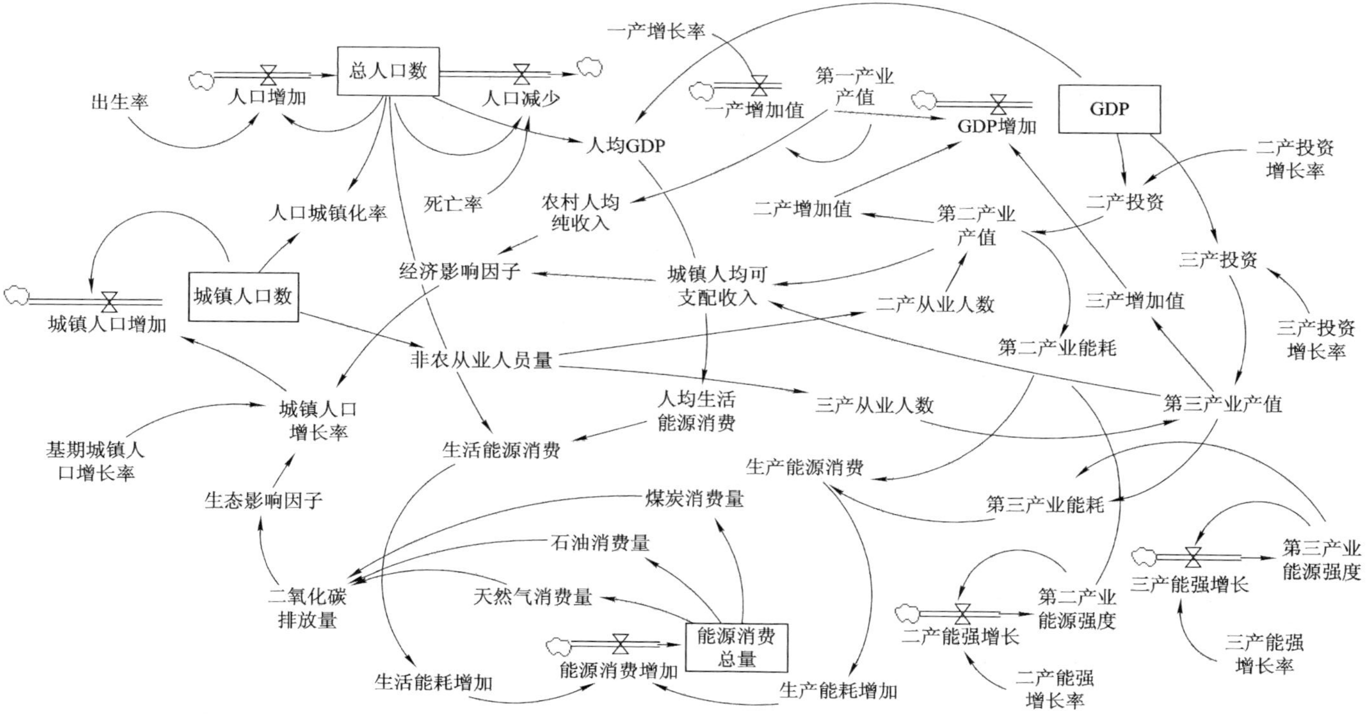

图 7-7 城镇化与能源消费复合系统 SD 流图

7.2.5 模型检验

利用建立的模型对城镇化与能源消费系统进行实际分析，可以对现实中人口、经济、资源及环境各方面的复杂现象进行简化表达，以探求其运行和发展的规律。由于SD模型既不能与现实完全吻合，也不能完全脱离现实。因此需要在进行系统仿真之前，根据建模的目的对SD模型进行有效性检验。

（1）直观检验

通过对城镇化与能源消费系统的因果关系图、反馈回路、方程以及流图表述进行直观检验，发现模型的结构与系统实际基本吻合，对系统人口、经济、资源及环境等影响的重要变量和反馈回路在模型中都有体现。进一步分析相关资料，检验各要素和变量定义的正确性，以及量纲的一致性。模型中的基本参数来源于统计年鉴资料，数据来源有据可循且量纲一致。对相关变量间的关联关系运用各种统计方法进行拟合，与实际信息在概念、量纲及数值上一致。因此，所建立的SD模型可以通过直观检验。

（2）运行检验

运行检验即对所建立的城镇化与能源消费系统SD模型中表达的正确性以及单位的一致性进行检验。首先，运用Vensim软件，通过改变系统演化的步长检验系统的稳定性。通过稳定性检验后，用软件所提供的编译检错和跟踪功能，以及单位一致性测试功能，分别对城镇化与能源消费系统SD模型的表达的正确性和单位的一致性进行检验，良性检验均通过。

7.3 城镇化与能源消费协同发展的情景分析与路径优化

7.3.1 基准情景

本书在进行城镇化与能源消费协同发展模拟时，选取2005年的各项指标数据作为基准情景的输入数据。除人口总数、城镇人口数、能源消费总量、GDP等几个水平变量的初始值取2005年实际值外，其他变量中的系数也按照2005年的水平进行取值，如第二产业和第三产业从业占非农就业比重分别为43%和57%；第二产业和第三产业投资增长率分别为24.8%和23.4%；煤炭、石油和天然气在一次能源中的占比分别为70.8%、19.8%和2.6%；第二产业和第三产业能源强度增长率分别为－7.4%和－6.6%。

（1）系统模拟结果

运用VENSIM软件进行仿真，将2005至2020年基准情景下人口城镇化率、能源消费总量、GDP 及二氧化碳排放量的模拟值进行汇总和整理，得到表 7-3。

表 7-3　　2005 至 2020 年 SD 仿真结果汇总

年份	人口城镇化率/%	能源消费总量/万吨标准煤	GDP/亿元	二氧化碳排量/万 t
2005	42.99	235 997	184 937	559 612
2006	44.27	252 335	218 579	598 354
2007	45.59	269 525	256 538	639 116
2008	46.96	287 556	299 195	681 871
2009	48.36	306 415	346 958	726 592
2010	49.80	326 094	400 260	773 255
2011	51.29	346 579	459 566	821 831
2012	52.82	367 859	525 370	872 291
2013	54.40	389 919	597 204	924 603
2014	56.02	412 744	678 631	978 726
2015	57.69	436 312	767 258	1 034 610
2016	58.84	460 598	864 732	1 092 200
2017	59.72	485 479	971 312	1 151 200
2018	60.61	510 859	1 087 400	1 211 380
2019	61.51	536 675	1 213 600	1 272 600
2020	62.43	562 853	1 350 570	1 334 670

从表 7-3 中可知，在基准情景下，即按照 2005 年的模式发展，至 2020 年人口城镇化率将达到 62.43%，GDP 达到 767 258 亿元和 1 350 570 亿元。至 2020 年，能源消费总量和二氧化碳排放量分别为 56.3 亿吨标准煤和 133.5 亿 t，年均增长率都为 5.97%。

(2) 拟合程度分析

利用 2005 年至 2013 年城镇化率、能源消费总量和 GDP 的实际统计数据与 SD 模型模拟得出的结果进行对比，以验证模型整体运行的拟合程度，两者之间的差异见表 7-4。

表 7-4　　SD 模拟值与实际值拟合程度

年份	实际人口城镇化率/%	人口城镇化率差异	实际能源消费总量/万吨标准煤	能源消费总量差异	实际 GDP/亿元	GDP差异
2005	42.99	0.00%	235 997	0.00%	184 937	0.00%
2006	44.34	−0.15%	258 676	−2.45%	216 314	1.05%
2007	45.89	−0.64%	280 508	−3.92%	265 810	−3.49%
2008	46.99	−0.07%	291 448	−1.34%	314 045	−4.73%
2009	48.34	0.04%	306 647	−0.08%	340 903	1.78%
2010	49.95	−0.30%	324 939	0.36%	401 513	−0.31%
2011	51.27	0.03%	348 002	−0.41%	473 104	−2.86%
2012	52.57	0.47%	361 732	1.69%	519 470	1.14%
2013	53.73	1.24%	375 000	3.98%	568 845	4.99%

从表 7-4 中可以看出，人口城镇化率、能源消费总量和 GDP 的实际值与模拟值的差异都在 5%以内，说明所建立的 SD 模型较好地拟合了实际复杂系统的运行情况。

人口城镇化率、能源消费总量和 GDP 的实际值与模拟值的变化趋势及差异程度可由图 7-8 至图 7-10 反映。

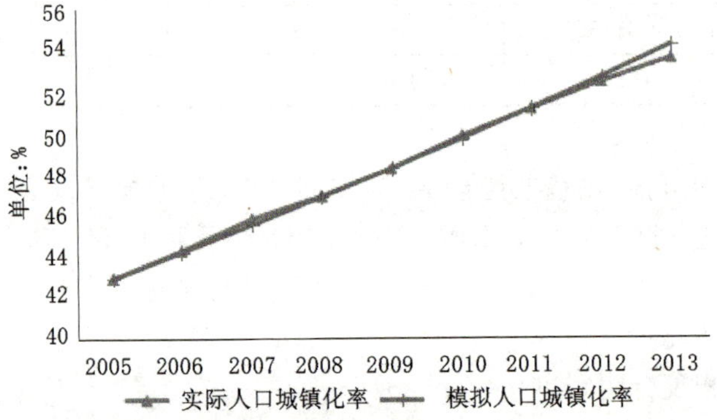

图 7-8　人口城镇化率实际值及模拟值变化趋势及差异

从图 7-8 至图 7-10 中可以看出，人口城镇化率、能源消费总量和 GDP 的实际值与模拟值的变化趋势基本一致、差异较小，所建立的 SD 模型较好地拟合了实际复杂系统的运行情况，可以通过改变模型中变量的系数赋值表示不同方案，

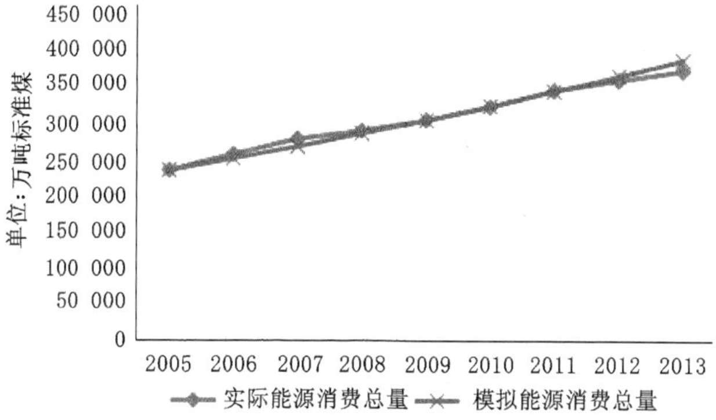

图 7-9　能源消费实际值及模拟值变化趋势及差异

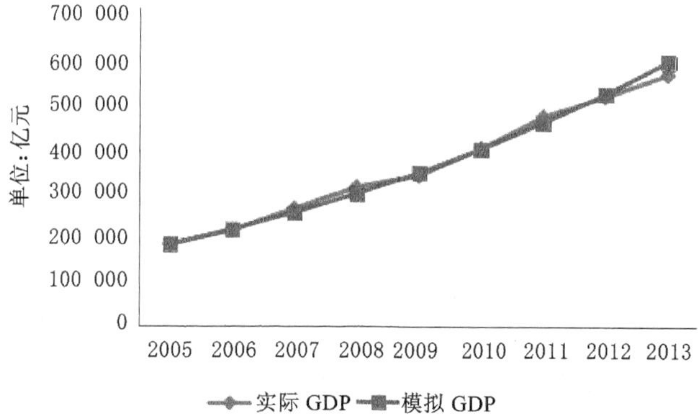

图 7-10　GDP 实际值及模拟值变化趋势及差异

进行优化路径的模拟。

7.3.2　路径优化设计

(1) 路径优化目标

根据国家能源局发布的《能源发展"十二五"规划》、国务院发布的《能源发展战略行动计划(2014～2020 年)》、《国家新型城镇化规划(2014～2020 年)》以及国家发展和改革委员会编制的《国家应对气候变化规划(2014～2020 年)》,整理得到中国 2015 年及 2020 年城镇化和能源消费相关的主要目标,如表 7-5 所示。

对比整体理想状态和模型运行得出的基准情景,发现 2020 年人口城镇化率为 62.43%,达到了目标值;而能源消费总量在 2015 年和 2020 年分别为 43.6 亿 t 和 56.3 亿 t 标准煤,皆无法完成预定目标;用能源消费总量或二氧化碳排放量除以 GDP，得到能源强度和 CO_2 强度，达到了预期目标，但是由于模型中 GDP 为当年价，没有剔除价格因素，因此不具可比性；由于基准模型中假设能源结构固定，因此在此不作比较。

表 7-5　　城镇化和能源消费主要目标

	2015 年	2020 年
人口城镇化率		＞60％
能源消费总量	＜40 亿 t	＜48 亿 t
能源（CO_2）强度	能源强度比 2010 年下降 16％	CO_2 强度比 2005 年下降 45％～50％
煤炭占比	＜65％	＜62％
天然气占比	＞6％	＞10％
非化石能源占比	＞11.6％	＞15％

通过比较，发现按照现有模式发展，城镇化与能源消费协同发展的主要障碍在于能源消费子系统的发展质量与人口城镇化的发展速度不匹配，优化的目标应该确定为降低能源消费总量、优化能源消费结构和降低能源消费强度。

（2）优化路径分析

根据第 4 章城镇化对能源消费影响的分析可知，城镇化从人口、经济、产业、技术等几个方面影响能源消费的总量、结构和效率。人口由农村转移到城镇，一方面改变三次产业的劳动力投入量，通过影响产业产出影响能源消费；另一方面改变能源消费结构。随城镇化的深化，非农产业内部由第二产业占主导地位向第三产业占主导地位升级，由于第三产业在能源消费量和能源消费结构上都明显优于第二产业，通过提高第三产业就业和投资比重，同时降低第二产业的投资和就业比重可以有效地降低能源消费总量。城镇化的集聚效应和扩散效应促进技术水平的提高，而技术进步和产业结构升级一起推动能源强度的降低。综合上述分析，提出人口转移、产业升级和技术提升三条优化城镇化与能源消费协同发展的路径。结合 SD 模型中的变量，将优化路径具体化为图 7-11 所示的 9 个指标。

（3）优化方案设计

通过变化产业投资增长率不仅可以控制产业的增长速度从而影响整体经济的增长速度，而且可以对不同产业制订不同的增长率以达到产业扶植/抑制的效果，将第二产业和第三产业投资增长率的下调区间分别设定为 10％～30％和 10％～20％。参照其他国家经验，将 2020 年第三产业的就业比重上限定为 70％。能源结构方面，将《能源发展战略行动计划（2014～2020 年）》

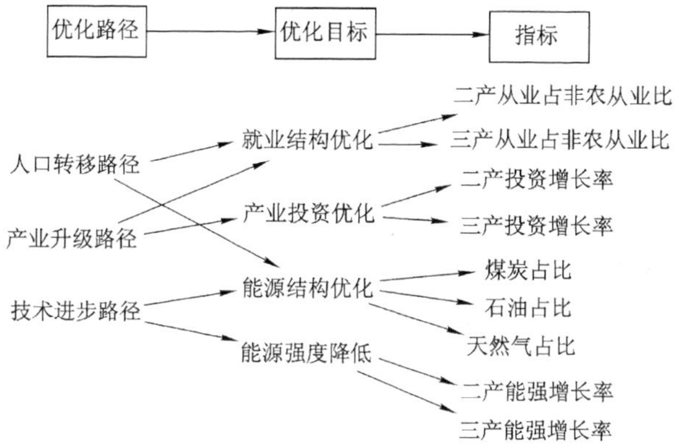

图 7-11　新型城镇化与能源消费协同发展 SD 优化路径

中的目标能源结构作为优化的上限值。将能源强度增长率的变动空间设定为 10%到 25%。

基准情景的各指标值依据 2005 年的实际数据得到。低方案中就业及产业投资指标是在基准情景基础上第二产业减少 10%,第三产业增加 10%得到的;能源结构参照 2010 年底能源结构实际情况得出;能源强度增长率按照第二产业、第三产业分别比基准情景提高 10%确定。中方案中将第三产业占非农就业比重上调至 65%,第二产业下调至 35%;为降低整体经济增长速度,同时区别对待第二产业和第三产业,第二产业投资增长率较基准方案下降 20%,第三产业下降 15%;能源结构参照"十二五"能源规划目标确定的能源结构得出;能源强度增长率按照第二产业、第三产业分别比基准情景提高 20%确定。高方案中第二产业和第三产业从业占非农从业比重分别为 30%和 70%;第二产业和第三产业投资增长率较基准情景分别下调 30%和 20%;能源结构参照《能源发展战略行动计划(2014～2020 年)》确定的能源结构得出;能源强度增长率按照第二产业、第三产业分别比基准情景提高 24%和 23%确定。表 7-6 列出了四种情景下各输入指标的具体值。

7.3.3　路径优化结果分析

依照上文给出的优化方案进行 SD 模拟,得出不同情景下城镇化和能源消费相关的指标值及其变动情况。

(1) 人口城镇化率优化结果分析

在四种不同情景下,SD 模型模拟出的人口城镇化变化情况及趋势可以由图 7-12 表示。

表 7-6 SD 优化情景指标设计

		基准情景	低方案	中方案	高方案
就业结构	第二产业从业占非农从业比	0.43	0.39	0.35	0.3
	第三产业从业占非农从业比	0.57	0.61	0.65	0.7
产业投资	第二产业投资增长率	24.8	22.3	19.8	17.4
	第三产业投资增长率	23.4	21.1	19.9	18.7
能源结构	煤炭占比	70.8	68	65	62
	石油占比	19.8	19	19	13
	天然气占比	2.6	4.4	6	10
能源强度	第二产业能源强度增长率	−0.074	−0.081	−0.089	−0.092
	第三产业能源强度增长率	−0.066	−0.072	−0.079	−0.081

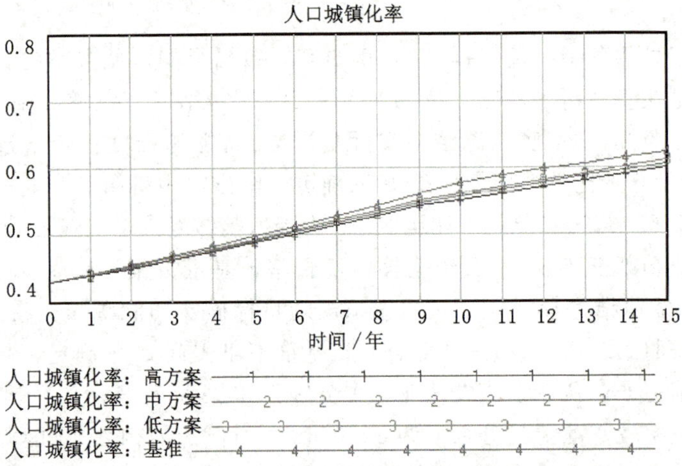

图 7-12 各情景下人口城镇化率 SD 仿真结果

从图 7-12 中可以看出，四种方案下人口城镇化率变化趋势大体相同，随优化力度增大，人口城镇化的增速逐步减慢。关键年份的人口城镇化率见表 7-7。

从表 7-7 中可知，四种不同方案下 2015 年和 2020 年人口城镇化率最高分别为 57.69%和 62.43%，最低分别为 55.18%和 60%。三种优化方案得出的 2020 年人口城镇化率皆达到了《国家新型城镇化规划(2014～2020 年)》中 60%的目标值。较基准情景，力度最大的高方案得到的 2020 年人口城镇化率降低了 4%。

表 7-7　　各情景下关键年份人口城镇化率　　单位：%

	基准	低方案	中方案	高方案
2005	42.99	42.99	42.99	42.99
2010	49.80	49.32	49.04	48.80
2015	57.69	56.04	55.71	55.18
2020	62.43	61.24	60.53	60.00

（2）能源消费总量优化结果分析

在四种不同情景下，SD 模型模拟出的能源消费总量变化情况及趋势可以由图 7-13 表示。

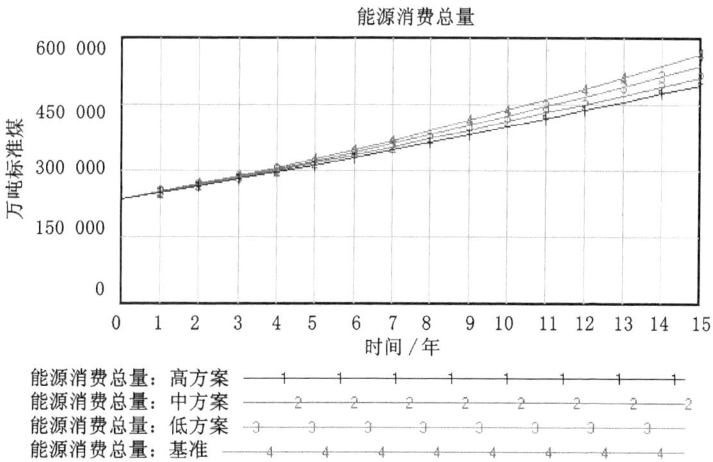

图 7-13　各情景下能源消费总量 SD 仿真结果

从图 7-13 中可以看出，四种方案下能源消费总量变化趋势大体相同，随优化力度增大，能源消费总量的增速逐步减慢。其中，关键年份的能源消费总量见表 7-8。

表 7-8　　各情景下关键年份能源消费总量　　单位：万吨标准煤

	基准	低方案	中方案	高方案
2005	235 997	235 997	235 997	235 997
2010	326 094	321 890	317 529	313 115
2015	436 312	423 511	410 695	399 941
2020	562 853	536 719	511 935	483 452

从表 7-8 中可知，四种不同方案下 2015 年和 2020 年能源消费总量最高分别为 436 312 和 562 853 万吨标准煤，最低分别为 399 941 和 483 452 万吨标准煤。三种优化方案得出的 2015 年和 2020 年能源消费总量中，只有高方案达到了《能源发展"十二五"规划》《能源发展战略行动计划(2014～2020 年)》中 2015 年 40 亿 t 的目标值，而 2020 年 48 亿 t 的目标值高方案稍有超出，基本实现。较基准情景，力度最大的高方案得到的 2020 年能源消费总量降低了 14%。

(3) 国民经济总产值优化结果分析

在四种不同情景下，SD 模型模拟出的国民经济总产值变化情况及趋势可以由图 7-14 表示。

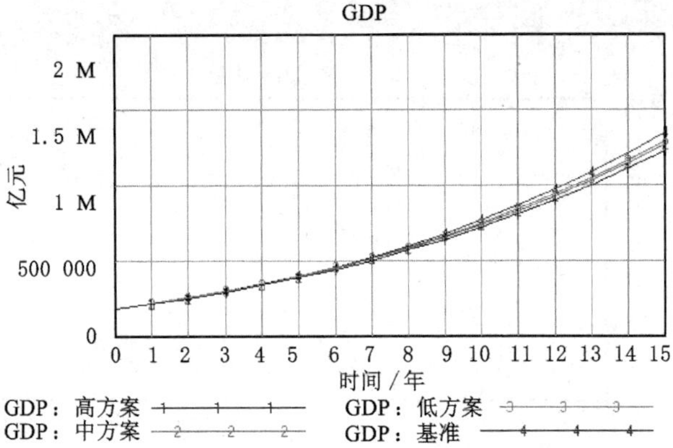

图 7-14 各情景下 GDP 的 SD 仿真结果

从图 7-14 中可以看出，四种方案下国民经济总产值变化趋势大体相同，随优化力度增大，国民经济总产值的增速逐步减慢。其中，关键年份的国民经济总产值见表 7-9。

表 7-9 各情景下关键年份 GDP 单位:亿元

	基准	低方案	中方案	高方案
2005	184 937	184 937	184 937	184 937
2010	400 260	395 372	391 789	386 866
2015	767 258	747 975	736 797	720 245
2020	1 350 570	1 296 420	1 272 020	1 232 530

从表 7-9 中可知，四种不同方案下 2015 年和 2020 年国民经济总产值最高分别为 767 258 亿元和 1 350 570 亿元，最低分别为 720 245 亿元和 1 232 530 亿

元。以当年价计算，基准情景的 GDP 年均增长率为 14.17%，三种优化方案下分别 13.86%、12.72% 和 13.48%。较基准情景，力度最大的高方案得到的 2020 年国民经济总产值降低了 9%。

(4) 能源强度及碳排放强度优化结果分析

在四种不同情景下，SD 模型模拟出的二氧化碳排放总量变化情况及趋势可以由图 7-15 表示。

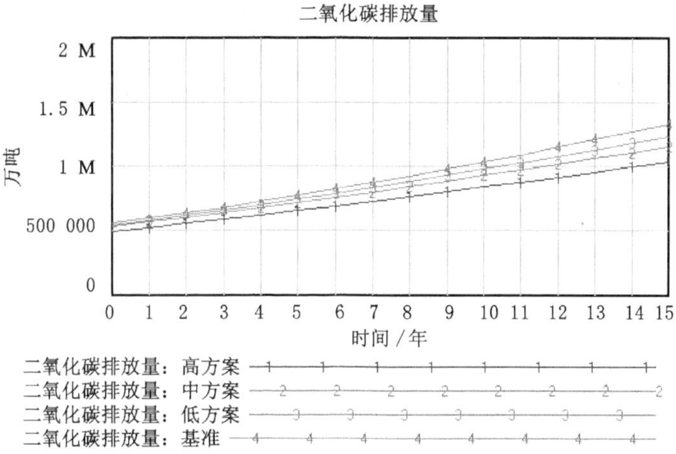

图 7-15　各情景下二氧化碳排放量 SD 仿真结果

从图 7-15 中可知，不同方案的初始(2005 年)排放量不同，且随优化力度的增大，二氧化碳排放总量的增速逐步减慢。分别计算四种情境下(当年价 GDP) 2005 至 2020 年的能源强度和碳排放强度，主要年份的结果如表 7-10 所示。

表 7-10　各情景下关键年份能源强度及二氧化碳排放强度

	能源强度				二氧化碳排放强度			
	基准	低方案	中方案	高方案	基准	低方案	中方案	高方案
2005	1.276	1.276	1.276	1.276	3.026	2.944	2.883	2.731
2010	0.815	0.814	0.810	0.809	1.932	1.878	1.831	1.732
2015	0.569	0.566	0.557	0.555	1.348	1.306	1.259	1.188
2020	0.417	0.414	0.402	0.392	0.988	0.955	0.909	0.857

从表 7-10 中可知，四种不同方案下 2020 年能源强度和二氧化碳排放强度最高分别为 0.417 和 0.998，最低分别为 0.392 和 0.857。三种优化方案下，以

当年价计算，能源强度分别比基准情景下降了 0.7%、3.4%和 5.9%；碳强度分别下降了 3.4%、8.0%和 13.3%。

综合上述分析，通过人口转移路径、产业升级路径、技术进步路径结合使用，能够达到就业结构优化、产业投资优化、能源结构优化和降低能源强度的效果，进而在实现人口城镇化目标的同时降低了能源消费总量，促进了新型城镇化与能源消费的协同发展。在不同的情景下，措施力度不同得到的优化效果和程度也不同，只有力度最大的高方案实现了国家规划目标中能源消费总量的约束性目标。此方案下，至 2020 年中国人口城镇化率为 60%，能源消费总量 48.3 亿吨标准煤，国民经济总产值为 1 232 530 亿元。说明在目前情况下，只有在人口、产业和技术等方面采取最严格的政策措施，才可能在 2020 年实现国家各项规划中的目标。

第 8 章

城镇化与能源消费协同发展的政策及措施

本章在回顾并评价中国不同时期城镇化和能源政策及措施的基础上，结合发达国家城镇化和能源发展过程中的经验和教训，提出政策建议和保障措施，促进城镇化与能源消费的协同发展。

8.1　中国城镇化与能源消费政策及措施的回顾与评价

城镇化与能源消费协同发展需要政策和措施的保障，对改革开放以来城镇化和能源方面的政策及措施进行梳理，根据经济社会发展特点以及政策措施的特色，中国城镇化与能源消费政策及措施经历了三个主要阶段。

(1) 改革开放初期(1978～1990 年)

经历了 1970 年至 1976 年期间城镇化逆向发展的倒退、激进的能源工业发展带来的巨大浪费以及经济、社会发展遭受的重大挫折，改革开放后中国在城镇化和能源领域采取了一系列旨在恢复理性经济建设的政策和措施。此阶段在城镇化和能源方面的政策措施及其实施效果见表 8-1。

表 8-1　　改革开放初期中国城镇化和能源政策措施及效果

	政策措施	实施效果
城镇化	1980 年，提出“控制大城市规模、合理发展中等城市、积极发展小城市”；1984 年，《中共中央关于 1984 年农村工作的通知》和《国务院关于农民进入集镇落户问题的通知》，调整市镇建制标准，颁布了新的户籍管理政策，放宽了城镇人口迁移政策； 1990 年，实施《中华人民共和国城市规划法》，再次提出“严格控制大城市规模，合理发展中小城市”	农村剩余劳动力开始向外流动，打破了城乡二元社会的格局
能源	1980 年，制定了“开发与节约并重，近期把节约放在优先地位”的能源方针；从煤炭产业开始，逐步开始能源产业改革；1986 年，颁发第一部综合性的节能法规——《节能管理暂行条例》；1987 年，实施企业节能管理升(定)级办法；1988 年，将五年计划中的节约能源计划改为资源节约和综合利用计划	扭转了能源效率恶化的势头；可供消费的能源量不足

在上述政策和措施的作用下，部分农业剩余劳动力进入城镇工业和服务业，中国城镇化率开始逐步上升，经济也从人口的转移中获得巨大、高速的发展。在1985年后，中小城镇的发展带动了乡镇企业的快速发展。能源仍处于紧缺状态，从20世纪80年代开始，政府提出把节能作为一种资源，将能源效率和节能工作提到议事日程。通过各种节能措施，如建立国家级节能公司、节能研究和咨询中介机构，加强企业和用能单位的能耗控制，设立节能基本建设专项基金和节能技改专项基金，节能贷款实行优惠利率等，结束了能源强度持续上升的趋势。

此时期采取的政策和措施帮助中国重新回到以经济发展为重心的轨道上，为其后延续30多年的经济高速增长奠定了基础，但整体政策前瞻性不足，例如20世纪80年代实施的煤炭开发政策在实施后不久就出现了失控状态，无序竞争导致了煤炭市场的混乱，也带来了资源和环境的破坏。

(2) 世纪之交(1991～2000年)

这一时期中国向市场经济转型，城市被确定为市场经济的中心，城镇化政策的调整表现为对人口自由流动的限制有所放松，对大城市的限制逐渐减少；能源方面除石油外市场出现供大于求的现象。此阶段在城镇化和能源方面的政策措施及其实施效果见表8-2。

表8-2 世纪之交中国城镇化和能源政策措施及效果

	政策措施	实施效果
城镇化	1993年，提出“以开发区和大城市建设为主，加强规划，引导乡镇企业适当集中，充分利用和改造现有小城镇，建设新的小城镇”的发展方向；2000年，提出“要重点发展小城镇，积极发展中小城市，完善区域性中心城市功能，发挥大城市的辐射作用，引导城市密集区的有序发展，防止盲目扩大城市规模”；2000年，在党的十五届五中全会确定了“积极稳妥地推进城镇化，促进地区、城乡协调发展”的指导思想	城镇化快速推进；大城市群快速发展
能源	1994年，开始实施能源价格体制改革，由原来的“双轨制”向单一的市场价格转轨，国家实施税收、金融体制改革，20世纪80年代建立的节能财政、税收和金融优惠政策全部取消；1995年，制定《中国新能源和可再生能源发展纲要》；1996年，提出2010年远景目标纲要能源方针：“坚持开发与节约并重，把节约放在首位”；1997年，颁布了《中华人民共和国节约能源法》	除石油外能源供大于求；节能工作逐渐迈入法制化轨道

在上述政策和措施的作用下，城镇化快速发展，带动了大规模基础设施，有效拉动了内需，快速的城镇化进程拉动了大量的住宅建设，房地产业成为经济发展的重要引擎之一。另外，此阶段大城市群发展迅速。能源政策方面，政府的角

色开始向建立规则、市场监督转变。同时，推行了多项节能工程，能源政策的目标从满足工业生产和社会生活所需的能源消费拓展到能源安全、环境问题等方面。

此阶段的政策，带动了城镇化的快速发展，但是由于城镇配套相对滞后、基本服务没有均等化，导致城乡之间及城镇内部差距的加大，城镇的质量提升落后于人口迁移和土地开发的速度，资源及生态问题开始出现。能源方面虽然制定了一系列节能制度和措施，但由于整体产业结构和发展模式的制约，节能减排效果有限。

(3) 新世纪(2001～2014 年)

随着经济的快速发展，能源供需矛盾在这一时期再一次突出，节能工作引起高度重视；城镇化过程中的资源生态问题开始凸显。此阶段在城镇化和能源方面的政策措施及其实施效果见表 8-3。

表 8-3　　新世纪中国城镇化和能源政策措施及效果

	政策措施	实施效果
城镇化	2002 年，十六大提出“中国特色城镇化道路”；2005 年，将城镇化与工业化、市场化和国际化一起作为“新四化”内容提出；2007 年，十七大首次明确了“新型城镇化”的内涵，提出了新型城镇化的指导思想与建设路径；2011 年，“十二五”规划提出：“坚持走中国特色城镇化道路，科学制定城镇化发展规划，促进城镇化健康发展”；2014 年，发布首部城镇化规划——《国家新型城镇化规划(2014～2020 年)》	服务业比重逐步上升；人口城镇化比重超过 50%
能源	2004 年，通过《能源中长期发展规划纲要(2004～2020 年)》；2004 年国家发展和改革委员会发布了《节能中长期专项规划》；2005 年颁布了《中华人民共和国可再生能源法》；2007 年，修订通过了《中华人民共和国节约能源法》并于 2008 年 4 月 1 日开始实施；2009 年，开始征收燃油税，提出了节能重点领域，制定了主要产品的单位能耗指标，实施 10 项重点节能工程；2013 年，发布《能源发展“十二五”规划》；2014 年，发布《能源发展战略行动计划(2014～2020 年)》和《国家应对气候变化规划(2014～2020 年)》	逐步淘汰落后产能

在上述政策和措施作用下，城镇化继续稳步增长，2011 年中国已经有超过 50%的人口生活在城镇。产业结构逐渐升级，2013 年第三产业产值首次超过第二产业。政府和社会对城镇化的关注逐渐从数量向质量转化，提出了“新型城镇化”理念。在能源方面，经过强化节能的政策执行，部分落后产能遭到淘汰，能源结构有所优化，节能减排取得一定的成效。

8.2 城镇化与能源发展过程中的国际经验与教训

发达国家在其城镇化初期和快速发展阶段，受到意识和技术的约束，并未关注包括能源在内的资源环境问题，为此付出了惨痛的代价。在20世纪50至60年代，伦敦烟雾事件、洛杉矶光化污染烟雾事件等严重的资源环境事件在发达国家城镇集中爆发，给城镇居民生命安全和城镇经济带来了极大的负面影响。

目前，发达国家普遍进入城镇化后期，经过多年的经验积累，伴随生态意识的增强和技术水平的提高，各国采取了一系列政策和措施以协调城镇经济、资源与环境的发展。其中一些有效政策及措施对中国的新型城镇化与能源消费协同发展具有启示意义：

(1) 通过政府手段建立合理、可持续的城镇体系

经历了城镇化初期城市放任发展导致的"城市病"高发的阶段，各国政府相继通过有力的行政手段干预城镇体系建立和城镇规划的过程，通过大、中、小城市的协调互补，实现集约发展、减少资源浪费，以实现人与自然的和谐可持续发展。二战结束后，英国出现大规模的重建、人口快速增长，随着汽车普及，郊区化趋势明显。政府采取建设新城的城市规划政策，目的是保持新城居住人口与就业岗位间的相对平衡，以遏制大城市的无序蔓延。英国政府开始在城市规划体系中发挥主导作用，标志为于1947年颁布的《城乡规划法》。为确保各地区均衡发展，德国于1960年颁布《联邦建设法》，通过限制发展超大城市，大力发展中小城镇，加强功能分区，建立了分工明确、互补共生的多级城市圈。

日本和韩国也同样重视城镇化过程中政府的干预作用。为缓解大都市圈过度集聚、发展不均衡的问题，日本政府在20世纪60年代起先后制定了一系列的发展规划和法规，对城镇发展体系进行调控。韩国政府从1970年开始针对城市规划、工业布局、发展战略以及生态环境等各方面制定了相应的政策和规划，减弱首尔和首都地区的过度集聚发展。

通过政府的有效规划，欧洲和日本等国形成了各种规模的城镇相互配合、错落有致的城镇体系。城市带和大量卫星城的兴起，避免了传统无限扩张型中心城市的缺陷，不仅有利于抑制大城市规模过度膨胀，而且推动了不同规模城市在空间布局和产业配套方面的协调发展，提高了对各类资源的利用效率。

(2) 构建绿色低碳的城镇产业结构

产业发展是城镇化推进的重要基础，发达国家的城镇化都是伴随工业化过程出现和完成的。工业化过程中，第三产业逐渐兴起，进入后工业化的阶段时，随着城镇产业结构的逐渐优化调整，绿色低碳的城镇产业结构逐步形成。

受到技术水平和思想观念的限制，许多发达国家在城镇化初期都经历了高能耗、高污染的产业发展阶段，为了应对出现的越来越严重的生态环境问题，各国通过一系列措施逐步实现了产业结构的升级和转型。典型的例子包括：伦敦由重工业化的“雾都”向现代金融、物流服务中心的转型；法国洛林地区由传统的煤炭、钢铁工业向高新技术产业、复合技术产业的转型；有“德国工业引擎”之称的鲁尔区由以煤炭、钢铁为主的产业向贸易、信息产业等的转型。

各国城镇立足于自身的历史条件及资源禀赋，在发展过程中制定各具特色的产业发展战略，帮助城镇迅速形成了自己的核心竞争力。尽管各城镇的规模大小不一，历史文化和市容市貌各不相同，但不同城市的主导产业突出、特色鲜明，并且都在向生态绿色产业发展转型升级。以美国为例，许多大城市和小城镇最初都是伴随产业发展起来的：硅谷高科技企业云集，成为世界上最充满活力的小城镇群带；纽约是美国的商业、金融、文化娱乐和出版中心，即现代服务业高度发展的地区；西雅图是微软总部所在地，电子信息高科技产业非常发达；迈阿密是美国南部著名的旅游城市，自然环境优美，生态旅游业发达。

(3) 加大投入，依托城镇技术中心开发节能技术

各国纷纷依托城镇的技术优势设立节能中心、能源经济研究所、新能源和产业技术综合开发中心等机构，通过先进的科技研究能源结构优化和能源效率提升的技术和方案。这些能源节约技术大多诞生于技术配套条件好、科研人才和设施集聚的城市中，产生的科技成果也在城镇中带头使用和推广。

由于提高能源效率、开发清洁能源等节能技术的研发和推广使用需要成套技术支持，且前期的投入成本巨大，单个企业无法承担，发达国家各国政府普遍在节能技术研发方面投入巨资。例如，美国政府用于提高能源效率和开发新能源的投资逐年增加，仅在提高能效方面就从1978年到2000年共投入超过70亿美金。甚至以法律形式(《国家能源政策法》)规定，能源部需每年拨款一定数额美元给地方州政府，用于旧家电回收和鼓励购买节能新产品。澳大利亚将清洁能源的开发与研究作为优先项目，通过加大政府对清洁能源的研发投入，支持后续的清洁能源项目。日本政府投入大量科研经费开发包括电动汽车、混合动力汽车等在内的各类新型汽车，以节约交通用能。

(4) 运用市场手段实现关键部门的节能减排

在促进具体部门实现节能减排目标时，发达国家更多通过市场发挥主体作用，以经济利益的获取为出发点，平衡使用各种手段调动企业和消费者积极性。

工业部门：传统的市场手段包括财税优惠，如西欧各国政府与工业企业签订自愿节能减排协议，政府为其提供低息贷款、税收优惠和技术援助；美国政府对安装分布式发电技术公司给予税收抵免的资格。另外，各国还鼓励企业与专业

节能服务公司(ESCO)合作,开展能源合同管理。

交通部门:对城市交通中耗能和污染最严重的轿车和卡车,各国政府除了对高排放车辆进行处罚外,还通过激励机制鼓励尽早报废车辆。基于车辆排放水平收取车辆登记费是对高排放车辆资源和生态进行破坏补偿的最直接方法,已有 17 个欧洲国家将以车辆二氧化碳排放标准,作为车辆登记费标准之一。一些城市,如意大利米兰采用生态通行证制度,或者对高排放车辆进入城市中心区域或拥堵区域收费,或者是完全限制进入。同时,这些国家还向报废高排放车辆的车主提供补贴并引入了限时报废车辆的项目,以加速车辆更新,有效地刺激了消费者对节能车辆的购买。

建筑部门:通过财务激励和自愿标签程序相结合,来促进城镇建筑领域能源环境绩效的持续改进。欧盟和美国通过为新建筑设定时限的政策来实现低能耗建筑,采用自愿评级和金融激励手段实现绿色建筑的推广。日本实行税收优惠和低利率贷款,并在建筑部门推广能源合同管理,以促进建筑节能。新加坡建设管理局绿色标志项目在 2005 年 1 月推出,为房地产市场提供分级标准,通过提升企业形象以及建筑的租赁和转售价值,得到了市场接受,从而提高了能源效率。

(5) 采用先进的管理工具和技术方法建设节能低碳城镇

在低碳经济的理念下,各国以摆脱以往大量生产、大量消费和大量废弃的社会经济运行模式,实现城镇清洁、高效、可持续发展为目标,积极推动低碳城镇的建设。出现了如丹麦的哥本哈根、瑞典的马尔默、美国的西雅图、新加坡、日本的北九州等一大批节能低碳城镇。

各种先进的管理方式和技术方法被运用于低碳城镇的建设,以辅助决策者在城市能源计划进程的不同阶段进行准确的判断和决策。美国、欧洲的研究机构开发出各种低碳规划工具,例如城市能源快速评估工具(TRACE)、最佳低碳城市(BEST-Low Carbon Cities)、边际减排成本工具(MACTool)、城市快速评估模型(Urban RAM)、评价城市生态和低碳指标工具(ELITE cities)等,用于辅助城镇进行基线诊断、目标设置和优先行动,并且评估城镇的节能减排表现。

由于城镇系统中能源等各种资源的政策选择往往相互影响,发达国家采用跨部门的计划途径、方法和工具进行管理。如美国加利福尼亚旧金山湾区 2010 年开始使用的“气候友好型空气质量管理”(AQM)涵盖了整个区域的空气质量规划、法规、执行、监控、技术进步和公共教育,覆盖 1 700 万人口,提高了城市能源规划、空间规划和行业政策之间的协调性。能源图是社区和城市空间计划中另一个采用跨部门方法的例子。荷兰的鹿特丹为实现碳平衡的目标,采用能源图来评估循环利用废热流供暖的可行性,通过挖掘地热能、生物质和太阳能等鹿特丹当地能源供应的潜力,利用城市的“废弃”能源来提高能源效率。

综合上述，各发达国家的经验表明，在城镇化过程中，重视能源等自然资源的作用、保护生态环境是城镇可持续发展的重要基础；而合理高效的能源措施及政策的运用，有助于城镇成为绿色发展的领头羊，也有助于城镇自身发展及居民生活质量的提高。

8.3 城镇化与能源消费协同发展的政策建议及保障措施

综合前文对中国城镇化与能源消费的协同发展分析，对照已有的政策措施并结合国外先进经验，从政策和措施两个方面提出建议，保障新型城镇化发展与能源消费的协同发展。

8.3.1 政策建议

(1) 建立促进协同发展的政策体系和协调机制

首先应进行新型城镇化与能源消费协同发展的顶层设计，明确两者的战略地位。与其他发展中国家出现的"过度城镇化"现象不同，中国仍被普遍认为是"低城镇化"国家，加快新型城镇化协调发展、扩大内需是推进城乡一体化的一项重大战略。针对当前能源消费子系统发展滞后，无法与新型城镇化进程协调一致的问题，从政策角度在推进新型城镇化进程的同时应更加注重能源发展战略政策的制定。

结合新型城镇化"以人为本、生态文明"的要求，研究制定能源消费、生态环境与经济增长相互协调的政策体系，应包括基本政策、部门政策和一系列的制度以及标准规范。确保各项政策之间的协调性和互补性，保障新型城镇化和能源消费协同发展过程中有据可依。由于新型城镇化发展和能源消费两者设计的领域广、部门多，需要建立部门协调机制，实现跨部门、跨行业、多主体的协同管理的体系。对各部门、各领域进行合理的职权划分，通过明确各主体的职责及分工、理顺关系，使协调工作有序进行。

(2) 将能源节约战略纳入城镇规划和布局过程

城镇的规划和空间布局影响其不同功能区域及基础设施的分布和建设，不仅决定城镇的能源供应和设施分布，而且通过其形成的人口通勤和居住模式影响居民的行为方式和生活模式。把节能减排的绿色理念融入城镇的规划和布局过程，减轻空间开发对资源和环境的负面影响，结合自身资源、区位、发展等状况进行合理设计，形成节能高效的城镇模式。

提倡紧凑的城镇形态，避免"郊区化"即边缘地区低密度扩张。适度密集的城镇布局至少从三个方面减少能源的消耗：较短的通勤路程和时间及较少的私家车出行，减少交通油耗；适度的人均居住面积控制了家庭取暖、制冷的能源消费和电力消费；基础设施密度较高、使用率高，产生规模经济，降低了设备建设和营运的成本，避免了重复建设和利用率低状态下的能源浪费。

促进城镇规划协调性，通过合理布局降低能源需求。进行科学合理的功能分区，注重产业、商业、居住、生态等不同功能间的互补与协调。用系统的方法优化城镇的能源系统，从各用户全生命周期的视角统筹规划。通过混合不同用途的区域以完善居民周边商业和服务，减少汽车出行需求量，形成有效的城镇形态。有效的城镇形态不仅可以提升居住质量，而且为居民和商业提供了一个多元化的交互模式以促进能源供应方式的革新。另外，还应通过对人口发展趋势的预测，为城镇进一步发展预留合理的空间。

(3) 通过产业政策促进转型升级

就当前中国城镇现状而言，第二产业尤其是重工业是造成能源消费和严重环境问题的重要主体。国家应在现有基础上综合产业的发展前景，区分不同产业制定扶植或抑制政策。从整体产业布局来讲，加速第三产业发展，对环境友好的新兴产业集群政策倾斜，培育发展战略性新兴产业，降低第二产业比重，尤其是抑制高耗能产业过快增长，仍是降低城镇能源消费、实现增长与能源脱钩的关键问题。城镇化的推进离不开产业的支撑，各城镇需要结合自身禀赋和定位，进行科学的产业选择。在严格控制“三高”产业准入、避免低水平产能重复建设的同时着力发展第三产业。通过提高第三产业比重，发挥其在发展城镇经济、吸纳就业、提高居民生活水平等领域中的作用，促进城镇经济增长方式由粗放型向集约型转变、由投资推动向消费拉动转变，降低对能源的依赖。

在产业内部继续推进转型升级。对第二产业，尤其是对“三高”产业进行改造，通过增加科技技术含量、增加产品附加值等方式促进制造业向价值链的两端延伸，增强产业竞争力。一方面将第二产业由劳动、资源密集型向技术、知识、服务密集的方向调整，把科学、信息技术、商业创新和服务的价值注入传统生产制造环节发展服务型生产；另一方面围绕传统产业的生产业务拓展增值服务和产业领域，开展营销、技术服务、物流服务、电子商务、金融服务、信息服务等生产性服务，在提升产业产品价值的同时，带动城镇工业产业体系的升级。对第三产业，虽然整体能源强度较小，但目前产业的增长速度和产业能耗增长速度处于交替上升状态，应大力发展现代服务业，在保证产值增长的同时降低能源消耗。

8.3.2 保障措施

(1) 强化科技支撑，优化能源结构，提升能源效率

通过增强自主创新和科技创新能力，降低化石能源尤其是煤炭的消费比重；

降低能源强度，提高能源整体利用效率。与世界各国的城镇相比，中国城镇能源结构中化石能源的消费比例较高，尤其是煤炭的消费比例远高于其他国家。发展清洁能源、可再生能源，降低化石能源依赖是中国城镇能源战略的核心问题。

在传统化石能源的适用方面，减少煤炭使用比重，用更为清洁的天然气进行替代。加强天然气开发和利用，扩大对上游开采、储运管道及下游销售、入户的投资。通过对天然气市场价格改革的深化，引入现代化的监管制度等措施，提高天然气市场的运作效率。把能源消费结构的变化与城镇燃料供应的改善紧密结合起来，最大程度减少煤炭的直接、分散型低效利用，通过增加管道气的接入能力，优先供给居民、商业用户及小区供暖等方式扩大天然气消费，最大限度地提高各类城镇的气化水平以及燃料供应质量。

大力发展新能源，增加清洁能源供应。加大对新能源产业的投入，扩大产业规模，提高产业竞争力。加强科研投入力度，开发和完善可再生能源的开发、利用技术，结合不同城镇的资源禀赋和区域特点对风能、水能、太阳能、核能以及生物质能等清洁能源进行因地制宜的开发利用。同时，对清洁能源的定价、入网等方面面临的各类限制加以突破，提高清洁能源的实际利用率。

(2) 深化低碳生态城镇和社区试点，并全国推广

目前已经建立了广东深圳国际低碳城、山东青岛中德生态园、江苏镇江官塘低碳新城、云南昆明呈贡低碳新区、湖北武汉花山生态新城和江苏无锡中瑞低碳生态城等多个低碳城/镇试点，取得了一定的成效。应在此基础上形成绿色低碳发展模式，并在全国范围内进行推广。

加强整体规划，制定低碳发展的路线图和时间表。通过加大财政投入和政策支持力度，鼓励体制机制创新，加快建立以资源循环、生态友好为特征的城镇发展模式。从规划、建设、运营、管理全过程探索产业低碳发展与城市低碳建设相融合的新模式，结合先进的管理方式和技术手段，从城镇的产业、建筑、交通、能源等各个方面，倡导绿色低碳的生产方式和生活方式。对运行效果好的低碳城镇，总结其成功经验和管理方法，向全国进行推广，为新型城镇化和低碳发展提供有益借鉴。

社区是城镇生活的基本单元，应继续推进绿色低碳社区的发展。结合社区实际，探索建立高效节能的社区能源、生活系统的新方式，如利用地热、浅层地温能、工业余热为社区供暖、供冷、供热水等。通过建立社区节电节水、出行等各方面的低碳行为规范，引导社区居民了解、接受并逐步实施绿色低碳的生活方式和消费模式。

(3) 强调市场主体作用，降低工业能耗

整体产业能源消费的降低需要全面、一致、协调的政策支撑，还需要多部门

从不同角度的合力支持。这需要政府依靠行政手段，发挥导向作用。在提高工业能源利用效率、降低工业能源消耗方面，中国已经建立了较为完善的法规体系以及相关的政策、制度体系。在进一步优化政策、法规体系的基础上，应该将工作重点放在强化监管、狠抓落实、完善考评和加强激励上来。对企业的考核与能源消耗指标挂钩，根据考核结果奖惩结合，对在节能减排方面取得突出成绩的企业加以激励与扶持。通过扶植政策使企业能更容易地获取节能技术和资金上的服务，帮助企业提高降低能源消耗。

较行政手段而言，市场手段在降低工业能耗方面更为长效、高效。获取更大的商业利益是企业的内在动力：运用资源税，有助于鼓励企业从自身利益出发，在节约运营成本的同时提高能效；能效投资在降低成本方面的作用逐步显现，自然吸引企业加大能效改进投资；节能指标交易，使企业不仅可以实现自身的减排，还可以与其他企业进行节能指标的交易从而实现减排目标。在市场需求的推动下，越来越多的能源服务商出现，提供能源合同管理，从企业运营的全过程入手，为企业降低能耗、节约成本。

将行政措施与市场手段更加平衡地结合在一起，让市场发挥主体作用，使企业变得更加主动，而政府发挥更为间接的作用，促进工业整体能源消费的降低。

(4) 合理引导居民需求，建立健康的能源消费模式

居民生活能耗是继工业部门之后的第二大能源消耗领域，据发达国家经验，随着工业结构调整的逐步完成和居民生活水平的持续提高，其占终端消费总量的比例在不断升高。控制居民能源消费的过快增长，不是要阻止人民享受经济发展和生活水平提高带来的便利和舒适，而是在提高公共服务水平的同时合理引导，杜绝不必要的奢侈消费。

引导居民绿色出行。继续加强公共交通网络建设、整合公共交通系统，以提供更舒适、高效的公共交通服务，提高公众对公共交通的认可度。用提高私家车使用成本、更便捷可靠的公共交通以及更适合行人和自行车出行的道路环境等措施促使居民选择公交、自行车、步行等绿色出行方式。大力研发和推广新能源及节能环保型汽车，加强配套设施建设，鼓励消费者购买和使用。

引导居民绿色消费。倡导绿色生活和消费理念，在全社会范围内普及对资源环境方面的国情认知度，普及节能知识。在家庭和办公场所温度控制方面，杜绝"冬季穿衬衣、夏季穿西服"的不合理能源浪费；对节能、低碳、环保的绿色产品，在开发和生产过程中进行一定程度的投资、税收支持；在销售环节通过宣传和对消费者的适度补贴，鼓励消费者对节能产品的购买行为。以宣传教育和经济激励等多种手段相结合的方式，树立绿色生活、绿色消费的观念，引导居民选择健康、可持续的能源消费模式。

第 9 章

结论与展望

9.1　主要结论

本书以新型城镇化与能源消费的协同发展为研究主题，综合理论与实证分析，运用多学科工具方法开展研究，得出以下结论：

（1）传统模式下城镇化与能源消费发展不协同

通过对中国城镇化和能源消费发展、变化的趋势及现状的分析。发现中国城镇化水平与本国的经济发展水平、工业化水平，以及世界同等发展水平或同等收入水平国家相比都相对落后；城镇化的发展速度与中国所处的发展阶段以及发展质量基本相适应；对新型城镇化发展状况进行评价，发现新型城镇化与人口城镇化率在 1989 年至 2012 年变化趋势总体一致。对能源消费而言，中国能源消费的总量大，从结构上呈现“低质型”的特点，能源强度有所下降但仍较低。对能源的集约效率进行了测算，发现中国整体平均的能源集约效率低，说明目前在城镇化过程中，中国整体上在能源使用方面未能有效发挥集聚效应，仍属于粗放式消费。总结城镇化与能源消费发展现状，发现传统发展模式下存在的城镇化与能源消费发展不协同的问题：能源的逐步耗竭约束经济增长和城镇发展；粗放的能源消费模式影响城镇发展质量；能源消费引起的生态环境破坏使城镇化发展不可持续。出现这种不协同的问题的根源在于忽视城镇化发展与能源消费的内在相互联系，将城镇化与能源等资源环境割裂开来，没有用系统的观点考虑城镇化的进程，导致传统城镇化发展理念和发展方式上存在偏差。

（2）城镇化和能源消费从不同角度对对方产生影响

能源作为经济发展的物质基础，既有一般商品的供需特征，又有生产要素特征；既是城镇生活的必需消费品，又是城镇生产的投入要素。能源消费实质上反映了对能源的需求，其变动从生活、生产和整体均衡等多角度对城镇化产生着影响。能源还从直接和间接两个方面对城镇化进程产生约束。间接约束是能源消费产生的碳排放造成的气候、环境影响，面临国际和国内的双重压力，能源消费可能对城镇发展的进程和质量产生间接的影响。能源对城镇化的直接约束体现能源供给与城镇需求之间的矛盾，是可供消费的能源量有限和无限时城镇化发展速度的差异，即能源消费对城镇化的“尾效”作用。实证分析证明，中国的能源的确对经济增长和能源消费存在“尾效”作用，由于能源的约束，中国经济增长和城镇化水平的增长率分别比不存在约束的条件降低 4.94%和 31.6%，在城镇化进程中能源特别是不可再生的化石能源能源带来的约束不容小觑。

城镇化通过经济增长、人口迁移、产业结构变动和技术进步几个因素对能源消费产生影响。城镇化与经济增长相互促进，根据对环境库兹尼茨曲线分析，发现中国城镇化进程中能源消费随经济增长呈现“N”型的发展的趋势。在人口转移的过程中，居民生活方式的转变对能源消费模式产生了显著的影响，通过投入产出分析证实城镇居民无论在生活直接能源消费还是间接能源消费上都高于农村居民。城镇化伴随产业结构的演进，运用产业结构演进——能源消费关联模型分析了不同阶段中国城镇产业变化与能源消费的关系。城镇化发展推动技术进步，通过拉式分解法研究了技术进步对能源强度的影响，发现技术进步导致能源强度下降。最后，根据 LMDI 方法将城镇化对能源消费的分解为生产和生活 2 大部分，共 6 个效应，发现在各效应中，经济增长是导致能源消费增加的最大诱因；而由能源强度代表的技术进步则是节能的主要动因；人口规模的扩大和人口结构的变化促进能源消费正向增长；经济结构的变化和消费习惯对能源消费变化的影响有正有负，在不同时段作用不同。

(3) 从城镇化与能源消费的整体关系看，目前城镇经济及产业发展仍较强依赖于能源消费

本书从以下几个角度分析了城镇化与能源消费的整体关系：一是通过自回归分布滞后模型发现检测出中国经济增长和城镇化水平对能源消费存在长期均衡关系，城镇化发展水平对能源消费存在显著的正向长期和短期关系，说明中国正经历城镇化进程的关键时期，对能源需求较大。二是经过因果分析，证实城镇化发展是能源消费增加的原因，而能源消费的增加并不能导致城镇化的发展，按照现有的模式发展，城镇化的推进导致了能源消费的大量增加；而能源消费的不断大量投入并不能直接促进城镇化水平的提高。三是在推导出城镇化与能源消费耦合发展规律的基础上，对中国 6 大区域的耦合关系进行了分析，发现各区域现有的城镇化水平都低于拐点值，即中国整体处于城镇化对能源消费的压力逐渐增大的阶段。在现阶段中国城镇化快速推进的过程中，能源消费的压力明显增大，两者之间的耦合关系仍处于拮抗阶段，中东部几个区域已经接近能源消费压力的峰值，即将进入磨合阶段，两者间的矛盾可能经历由尖锐到缓和再到尖锐不断交替、磨合的过程。四是用城镇范围内的经济增长和能源消费进行了脱钩分析，发现中国城镇的经济增长与能源消费整体处于“弱脱钩”的状态，城镇的经

济和能源消费绝对量都在持续上升，而经济增长的速度快于能源消费的增长速度，整体城镇经济和产业发展对能源的依赖依然较强。

(4) 新型城镇化与能源消费构成的复合系统正处在演化的关键期

本书对城镇化与能源消费协同演化的规律和状态进行了分析。首先将城镇化与能源消费视为一个复合系统，对其自组织演化的过程进行了讨论，并对两个子系统的构成进行了定量描述。然后根据哈肯模型，取由人均生产总值代表的经济发展水平和由全要素生产率代表的技术水平两个变量为参量对城镇化与能源消费复合系统的协同进化规律进行了研究，发现全要素生产率是城镇化与能源复合系统演化中的决定性因素，技术进步是复合系统演化的作用力，主宰复合系统的演化。当复合系统的发展接近极限时，技术进步、经济增长等因素变化使城镇化子系统产出能力相应提高、产业结构继续优化升级，能源子系统的能源强度下降、能源消费结构优化，而进入更高层次的稳态，促成复合系统的演化。最后构建了协同进化模型，通过有序度和协调度的分析，刻画了城镇化与能源消费协同进化的状态。有序度分析发现子系统之间的合作关系大于竞争关系，两者表现出相互促进的协同作用，而且城镇化和能源消费子系统在复合系统的作用下都处于进化状态，但两个子系统进化速率都偏小；协调度分析发现复合系统整体处于极限发展的状态，城镇化总体上处于快速推进的阶段，对能源消费产生的压力较大，目前复合系统逐步到达其极限发展，正处在进化的关键时期。

(5) 需选择大力度的优化路径以实现新型城镇化与能源消费的协同发展

文章的最后在具有动态反馈机制系统环境下进行新型城镇化与能源消费协同发展路径优化的分析。在分析系统动力学的适用性的基础上，开始建立城镇化与能源消费复合系统的 SD 模型。在理清复合系统内要素间因果关系后，分别确定了城镇人口子模块、能源消费子模块和经济及产业子模块的流图、关系链和方程，并在此基础上构建复合系统的 SD 模型。以 2005 年为初始年份，对基准情景进行模拟，并据 2005～2013 年的实际数据与模拟结果进行拟合，验证了模型的可信性。比较基准情景与国家规划中给出的目标，发现按照现有发展模式，城镇化率可以达到预期目标而能源消费方面的指标据目标值差距较大，验证了前面章节目前能源消费子系统滞后于城镇化子系统发展而阻碍复合系统协同进化的结论。从城镇化中要素对能源子系统的作用机制入手，提出人口转移、产业升级和技术提升三条优化城镇化与能源消费协同发展的路径，并据优化的力度制定低、中、高三种情景分别进行优化模拟。对比四种情景下城镇化、能源消费及经济产出的情况，发现只有执行力度最大的高优化方案才能实现现有的规划目标。

9.2 创新之处

(1) 系统深入地研究了中国城镇化与能源消费的内在作用机制

已有研究大多选择一到两个要素分析城镇化与能源消费之间的关联及影响。本书从多角度多层次分别分析了两者对对方的作用机制及影响效果,以及两者之间的整体关系。综合运用了环境库兹尼茨曲线(EKC)分析、投入产出分析(IOA)、产业结构演进—能源消费关联模型(ISE—ECCM)、拉式分解法(LDA)、指数分解方法(LMDI)、一般均衡分析(GEA)、菲利普斯曲线(Philips Curve)分析、"尾效"分析(Drag Analysis)、自回归滞后模型(ARDL)、耦合分析(Coupling Analysis)和脱钩分析(Decoupling Analysis)等多种工具方法,对城镇化与能源消费的内在联系和作用机制进行了深入分析,从两者内在影响机制方面寻求突破,更加强调逻辑性和层次的递进性,研究手段更具基础性,也提高了本研究研究成果的适用性。

(2) 对城镇化与能源消费复合系统的协同进化规律和状态进行深入分析

已有研究对于城镇化和能源消费之间关系的研究主要是强调彼此的互动性和关联性,或者突出强调某一方面对另一方面的影响和促进。本书在两者关联分析的基础上研究两者的协同发展关系,将城镇化与能源消费视为复合系统中有机联系的两个子系统,改静态的关系研究为动态、复杂的系统分析。在分析城镇化与能源消费的内在作用机制的基础上,应用系统复杂性理论、协同学理论建立城镇化与能源消费的复合系统,通过哈肯模型(Haken Model)和有序度(Ordering Degree)、协调度(Coordination Degree)的分析,对复合系统及其协同进化的规律和状态进行分析和评价。

(3) 将动态反馈机制系统应用于新型城镇化与能源消费协同发展路径优化的分析及情景模拟

运用系统动力学(SD)模型,在具有动态反馈机制系统环境下进行仿真和模拟。并从城镇化中要素对能源子系统的作用机制入手,提出人口转移、产业升级和技术提升三条优化城镇化与能源消费协同发展的路径,并据优化的力度制定低、中、高三种情景分别进行优化模拟,对比四种情景下城镇化、能源消费及经济产出的情况。综合应用了SD建模技术、计算机编程仿真技术对不同路径下城镇化、能源消费和经济增长的变化情况进行情景分析,为新型城镇化与能源消费协同发展政策及措施的制定提供了参考和依据。

9.3　不足与展望

城镇化与能源消费的协同发展是中国新常态下经济、社会、资源、环境多方面协调、可持续发展的重要内容之一，涉及多个系统多层面的内容，可研究的领域广泛，本书仍存在许多不足，需要在后续研究中不断加以完善。例如，在数据方面，本书主要采用中宏观统计数据进行分析，可以通过实地调研、问卷调查等方式取得一手微观数据进行分析；在研究内容方面可以从各区域城镇化不同模式入手，分析各地区城镇化进程中能源消费协同发展的特色。在研究方法方面，可以利用CGE建模技术，对城镇化和能源消费的协同发展进行政策模拟。以上几个方面都可以是日后继续研究的方向。

参考文献

[1] 蔡嗣经，陈海燕，郑明贵. 基于遗传神经网络的北京市能源可持续发展能力评价[J]. 辽宁工程技术大学学报(自然科学版)，2009(1)：5-8.

[2] 曹永福. 格兰杰因果性检验述评[J]. 数量经济技术经济研究，2006，(1)：155-160

[3] 程叶青，李同升，张平宇. SD 模型在区域可持续发展规划中的应用[J]. 系统工程理论与实践，2004(12)：13-18.

[4] 戴维·罗默. 高级宏观经济学[M]. 2 版. 上海财经大学出版社，2003.

[5] 范斐，孙才志，王雪妮. 社会、经济与资源环境复合系统协同进化模型的构建及应用——以大连市为例[J]. 系统工程理论与实践，2012(2)：413-419.

[6] 方福康. 复杂经济系统的演化分析——复杂性科学探索[M]. 北京：民主与建设出版社，1999.

[7] 耿海清，陈帆，张存卫，等. 基于全局主成分分析的我国省级行政区城市化水平综合评价[J]. 人文地理，2009(5)：41-57.

[8] 关雪凌，周敏. 中国矿业区域城镇化进程中能源消费的影响研究[J]. 河北经贸大学学报，2015(1)：52-56.

[9] 国务院发展研究中心，世界银行. 中国：推进高效、包容、可持续的城镇化[M]. 北京：中国发展出版社，2014.

[10] 赫尔曼·哈肯. 协同学——大自然构成的奥秘[M]. 凌复华，译. 上海：上海译文出版社，2013.

[11] 霍利斯·钱纳里，莫伊思·赛尔昆. 发展的型式：1950-1970[M]. 北京：经济科学出版社，1988.

[12] 简·雅各布斯. 美国大城市的死与生[M]. 金衡山，译. 南京：译林出版社，2006.

[13] 焦李成，刘静，钟伟才. 协同进化计算与多智能体系统[M]. 北京：科学出版社，2006.

[14] 李斌，曹万林. 经济发展与环境污染的脱钩分析[J]. 经济学动态，2014，(7)：48-56

[15] 李贵赏.企业形态演化论——新制度经济学的视角[M].太原:山西大学出版社,2005
[16] 李艳梅,张雷.中国居民间接生活能源消费的结构分解分析[J].资源科学,2008,6(30):890-895.
[17] 刘耀彬,杨新梅.基于内生经济增长理论的城市化进程中资源环境"尾效"分析[J].中国人口资源与环境,2011,21(2):24-30.
[18] 栾贵勤,马韫璐.新型城镇化进程中的失衡性挑战与对策[J].宏观经济管理,2014(10):52-54.
[19] 马向东,孙金华,胡振云.生态环境与社会经济复合系统的协同进化[J].水科学进展,2009(4):566-571.
[20] 苗东升.系统科学原理[M].北京:中国人民大学出版社,1990.
[21] 尼科利斯,普里高津.非平衡系统的自组织[M].北京:科学出版社,1986.
[22] 牛文元.中国新型城市化报告 2013[M].北京:科学出版社,2013.
[23] 潘家华."地球工程"作为减缓气候变化手段的几个关键问题[J].中国人口资源与环境,2012,(5):22-26.
[24] 苏懋康.系统动力学原理及应用[M].上海:上海交通大学出版社,1988.
[25] 王崇梅.区域生态环境压力与经济发展"脱钩"关系研究——以胶东半岛为例[J].湖南师范大学学报,2012,(1):95-98
[26] 王家庭.多重约束下"低成本、集约型"城镇化模式研究[M].天津:南开大学出版社,2010.
[27] 王其藩.系统动力学[M].上海:上海财经大学出版社,2009.
[28] 王子龙,谭清美,许箫迪.区域经济系统演化的自组织机制研究[J].财贸研究,2005,(6):5-9.
[29] 魏楚,沈满洪.能源效率及其影响因素:基于 DEA 的实证分析[J].管理世界,2007,167(8):66-76.
[30] 吴传荣,曾德明,陈英武.高技术企业技术创新网络的系统动力学建模与仿真[J].系统工程理论与实践,2010(04):587-593.
[31] 吴彤.自组织方法论研究[M].北京:清华大学出版社,2001.
[32] 吴中光,马宋设.用本征函数展开的绝热消去法研究哈肯模型[J].抚州师专学报,1990,25(6):53-61.
[33] 新玉言.国外城镇化——比较研究与经验启示[M].北京:国家行政学院出版社,2013.
[34] 徐建中,毕琳.基于因子分析的城市化发展水平评价[J].哈尔滨工程大学学报,2006(7):313-318.

[35] 杨芳.技术进步对中国二氧化碳排放的影响及其政策研究[M].北京:经济科学出版社,2013.

[36] 曾培炎.经济增长进入“换挡期”[EB/OL].http://jjckb.xinhuanet.com/opinion/2013-02/01/ content_427087.html.

[37] 张鹤丹,王惺,付峰.中国城市能源指标体系初探[J].中国能源,2006(5):42-45.

[38] 张雷.经济发展对碳排放的影响[J].地理学报,2003,58(4):629-637.

[39] 张晓峒.应用数量经济学[M].北京:机械工业出版社,2009.

[40] 张占斌.城镇化蓝皮书:中国新型城镇化健康发展报告 [M].北京:社会科学文献出版社,2014.

[41] 赵爱文,李东.中国碳排放的EKC检验及影响因素分析[J].科学学与科学技术管理,2012(10):107-115.

[42] 赵一平,孙启宏,段宁.中国经济发展与能源消费响应关系研究——基于相对“脱钩”与“复钩”理论的实证研究[J].科研管理,2006,(3):128-134

[43] 中国城市和小城镇改革发展中心课题组.中国城镇化战略选择政策研究[M].北京:人民出版社,2013.

[44] 周建,李子奈.Granger因果检验的适用性[J].清华大学学报(自然科学版),2004,(3):358-361.

[45] 周一星.城市地理学[M].北京:商务印书馆,1995.

[46] Au Chun-Chung, Vernon Henderson J. Are Chinese Cities Too Small? [J]. Review of Economic Studies, 2006, 73 (3) :549-76.

[47] BP. BP Statistical Review of World Energy 2014[EB/OL]. bp. com/statistical review#BPstats.

[48] Charemza W W, Deadman D F. New directions in econometric analysis [M]. Oxford: Oxford University Press, 1997.

[49] Diakoulaki D, Mandaraka M. Decomposition analysis for assessing the progress in decoupling industrial growth from CO_2 emissions in the EU manufacturing sector[J]. Energy Economics, 2007, (29): 636-664.

[50] Emran M H, Shilip F, Alam M I. Economic liberalization and price response of aggregate private investment, time series evidence from India [J]. Canadian Journal of Economics, 2007, 40, 914-934.

[51] European Automobile Manufacturers' Association. ACEA Tax Guide 2012-More Governments Introduce Incentives[EB/OL]. http://www.acea.be/news/news_detail/tax_guide _2012_incentives_increase_further/.

[52] Greening L A, Greene D L, Difiglio C. Energy efficiency and consumption-the rebound effect-a survey[J]. Energy Policy, 2000, 28(6-7): 389-401.

[53] Grossman G, Krueger A. Economic growth and the environment[J]. Quarterly Journal of Economics, 1995(110): 353-77.

[54] Haken H. Information and self-organization: A macroscopic approach to complex systems[M]. Berlin & New York: Springer-Verlag, 1988.

[55] Haken H. Synergetics- Anintroduction: Non-equilibrium phase transitions and self-organization in Physics, Chemistry, and Biology[M]. Berlin: Springer-Verlag, 1977.

[56] Huang J P. Industry energy use and structure change: A case study of People's republic of China[J]. Energy Economics, 1993, 15: 131-136.

[57] IEA. CO_2 Emissions From Fuel Combustion Highlights 2014[EB/OL]. http://www. iea. org/publications/freepublications/publication/CO_2-emissions-from-fuel-combustion-highlights-2014. html.

[58] Khazzoom D J. Economic implications of mandated efficiency standards for household applications [J]. Energy Journal, 1980(1): 21-40.

[59] Ma C B, Stern D I. China's changing energy intensity and trend: A decomposition analysis[J]. Energy Economics, 2008, 30: 1037-1053.

[60] Ma H Y, Oxley L, Gibson J. China's energy economy: a survey of the literature[J]. Economic Systems, 2010, 34: 105-132.

[61] Metcalf G E. An empirical analysis of energy intensity and its determinants at the state level[J]. Energy, 2008, 29 (3), 1-26.

[62] Narayan P K. The saving and investment nexus for China, evidence from cointegration tests[J]. Applied Economics, 2005, 37, 1979-1990.

[63] Northam R M. Urban Geography [M]. NewYork: John Wiley & Sons, 1975.

[64] OECD. Indicators to measure decoupling of environmental pressures from economic growth [R]. Paris: OECD, 2002.

[65] Pesaran M, Shin Y, Smith R. Bounds testing approaches to the analysis of level relationships [J]. Journal of Applied Econometrics, 2001, 16, 289-326.

[66] Selden T, Song D. Environmental Quality and Development—Is There a Kuznets Curve for Air Pollution Emissions? [J]. Journal of Environmental Economics and Management, 1994, (27): 147-162.

[67] Shonali Pachauri, Daniel Spreng. Direct and indirect energy requirements of households in India[J]. Energy Policy, 2002, 3(6): 511-523.

[68] Singapore Government. About BCA Green Mark Scheme[EB/OL]. http://www.bca.gov.sg/greenmark/green_mark_buildings.html.

[69] Sinton J E, Levine M D. Changing energy intensity in Chinese industry [J]. Energy Policy, 1994, 17: 239-255.

[70] Song F, Zheng X. What drives the change in China's energy intensity: combining decomposition analysis and econometric analysis at the provincial level[J]. Energy Policy, 2012, 51, 445-453.

[71] Sun J W. Changes in energy consumption and energy intensity: A complete decomposition mode [J]. Energy Economics, 1998, 20(1): 85-100.

[72] Tapio P. Towards a theory of decoupling: Degrees of decoupling in the EU and the case of road traffic in Finland between 1970 and 2001[J]. Transport Policy, 2005, 12(2): 137-151.

[73] United Nation. World Urbanization Prospects[EB/OL]. esa.un.org/unpd/wup/Highlights /WUP2014-Highlights.

[74] Wang C. Sources of energy productivity growth and its distribution dynamics in China. Resour[J]. Energy Economics, 2011, 33, 279-292.

[75] Wang W W, Zhang M, Zhou M. Using LMDI method to analyze transport sector CO_2 emissions in China[J]. Energy, 2011, 36: 5909-5915.

[76] WEC. WEC Statement 2006: Energy Efficiencies: Pipe-Dream or Reality [R]. London: World Energy Council(WEC), 2006.

[77] Yao C S, Chen C Y, Li M. Analysis of rural energy consumption and corresponding carbon emissions in China [J]. Energy Policy, 2012, 41: 445-450.

[78] Zha D, Zhou D, Zhou P. Driving forces of residential CO_2 emissions in urban and rural China: An index decomposition analysis[J]. Energy Policy, 2010(38): 3377-3383.

[79] Zhang M, Guo F. Analysis of rural residential commercial energy consumption in China[J]. Energy, 2013, 52 (1), 222-229.

[80] Zhang Z X. Decoupling China's carbon emissions increase from economic growth: an economic analysis and policy [J]. World Develop, 2000, (28): 739-752.

[81] Zhao X L, Li N, Ma C. Residential energy consumption in urban China: a decomposition analysis[J]. Energy Policy, 2012, 41: 644-653.